AF487511

DIRECCIÓN
DE PROYECTOS
EXISTOSOS

CARLOS URSO

DIRECCIÓN DE PROYECTOS EXISTOSOS

Cómo dejar de administrar el caos
y encarar proyectos posibles y previsibles

GRANICA

BUENOS AIRES - BARCELONA - MÉXICO - SANTIAGO - MONTEVIDEO

Urso, Carlos
    Dirección de proyectos existosos: Cómo dejar de administrar el
    caos y encarar proyectos posibles y previsibles. - 1ª ed. - Buenos
    Aires: Granica, 2013.
    280 p.; 22x15 cm.

    ISBN 978-950-641-761-1

    1. Management. I. Título

Para mi esposa y compañera.
Para mis queridos hijos.

ÍNDICE

INTRODUCCIÓN

Estamos habituados a amoldar nuestros compromisos a las ganas que tengamos de cumplirlos. Con frecuencia no los honramos, sino que los cambiamos y los ajustamos a las posibilidades que tenemos de afrontarlos. Nos ocupamos para que parezca que cumplimos los compromisos asumidos, y buscamos las razones y las justificaciones que nos tranquilizan o nos eximen de la responsabilidad del incumplimiento.

Es común que la gente tenga tendencia a quedarse en su *zona de confort,* y evitar aquello que la comprometa con acciones nuevas, que no está habituada a hacer, o que la condiciona.

Quiere, en cambio, buenas noticias, recetas fáciles, recomendaciones que respalden su forma de actuar, opiniones que coincidan con las suyas o que, al menos, no las contradigan demasiado. Desea y acepta de buen grado la información que le permite ratificar como correctos sus acciones o comportamientos.

Si usted espera encontrar aquí esa información, y le han prestado el libro, devuélvalo; si lo ha comprado, vaya a la librería y proponga un cambio por otro antes de ajarlo, así no pierde su dinero.

Este libro está orientado a cambiar formas existentes e impotentes, a eliminar la pesadez y la torpeza en nuestro desplazamiento por los proyectos que debemos realizar o conducir.

El objetivo es conversar, reflexionar con respecto a por qué no logramos, con asiduidad, finalizar nuestros proyectos. O, si lo conseguimos, por qué nos cuesta tanto; por qué cometemos tantos errores que nos hacen reiniciar una y otra vez los emprendimientos; por qué, muchas veces, los abandonamos con la creencia de que no somos capaces de concluirlos.

Los proyectos son el corazón de la evolución y el crecimiento.

También, conversaremos en este libro acerca de por qué emprendemos proyectos inalcanzables, solo posibles en nuestra imaginación y que, luego, cuando los comenzamos resultan muy costosos, implican mucho esfuerzo, producen demasiados problemas, generan abundantes imprevistos, y terminamos cancelándolos, desperdiciando toda la inversión (en dinero y energía) realizada.

Quizás una de las razones del fracaso de nuestros proyectos es que no sabemos cómo encararlos. En este libro, les contaré sobre un conjunto de acciones, de prácticas y experiencias, de un conjunto de procesos, de tareas que han dado resultado en diversos proyectos, en distintas culturas, en diferentes organizaciones. Les comentaré sobre procesos y documentos formales de enorme prestigio en el mundo de la gestión de proyectos.

En fin, trataré de transmitir prácticas comprobadas y experiencias, todas orientadas a que puedan concretarse los proyectos que emprendan.

Magia y fantasía

Pensamiento mágico, ilusiones, fantasía. Creemos (o queremos creer) que, si construimos ideas geniales, que "cierran" en nuestra mente, esos proyectos que ellas generan se concretarán. Omitimos (o queremos omitir), por pereza, que es necesario trabajo, acciones, hacer cosas, ejecutar, poner el cuerpo en acción. No es a través de la magia que vamos a realizar nuestros proyectos.

Necesitamos acciones concretas para lograr nuestros objetivos. Mi creencia construida a través de la experiencia y de haber leído y estudiado bastante el asunto, es que un método de trabajo para generar resultados en los proyectos ayuda de manera significativa; más aún, diría que es fundamental.

He leído que Peter Drucker[1], el gran gurú del management, dijo: "El gerenciamiento no es un arte ni una ciencia, sino una práctica en la que los logros no se miden por distinciones académicas sino por resultados".

Y los resultados se generan, se construyen. No alcanzan las ideas. No son suficientes nuestros títulos.

La magia, la fantasía y la ilusión existen. Todos las necesitamos para lograr encarar proyectos exitosos. Sí, precisamos magia, imaginación, fantasía, para fortalecer nuestro tesón, nuestra convicción, nuestro compromiso con los objetivos a fabricar. Digo "fabricar" pues los objetivos no están en algún lugar físico, los tenemos en la imaginación, son etéreos, o en todo caso, enunciados, escritos. Nosotros debemos construirlos, hacerlos reales, concretarlos; por eso me gusta decir que debemos fabricarlos.

De esto vamos a conversar más adelante.

---

1. Drucker, Peter: *La gerencia en tiempos difíciles*, El Ateneo, Buenos Aires, 1985.

Trabajo u obra

A los resultados que aspiramos obtener debemos imaginarlos, declararlos, definir cuáles son. Allí se empieza; luego sigue el trabajo.

Me viene a la mente un artículo que leí en una revista de abordo (a veces hay buenos trabajos y este era uno de ellos). Viajaba a San Pablo a dictar con un compañero, Marcelo Iglesias, una conferencia en el Congreso organizado por el Project Management Institute (PMI)[2] en 2008. El artículo versaba sobre el origen de la palabra "trabajo".

En tiempos del Imperio Romano, se usaba el *tripalium*. Era una estructura de tres palos, dos de ellos en forma de x y el tercero vertical. Allí ataban a los esclavos como castigo por no realizar las tareas que los mandamases esperaban. Era un lugar de castigo, de azotes.

La palabra "trabajo" deriva de trabajar, y esta del latín *tripaliare*, que a su vez proviene de *tripalium*, que significa tres palos, que hace referencia a ese lugar de castigo.

De allí, decía el autor, que "trabajo" tiene un sentido, una interpretación, como si fuera castigo. No era orgullo o satisfacción estar allí en el *tripalium*. Son varias las expresiones comúnmente utilizadas, que dan al trabajo un sentido de esfuerzo, de yugo, de obligación. La historia finalizaba con un pensamiento bien positivo, que me atrapó. Deberíamos darle al trabajo el sentido de *obra*, de hacer algo que no está hecho, de gratificarse por construir algo que tendrá un sentido.

---

2. Project Management Institute es una organización autónoma dedicada a desarrollar la profesión de Dirección de Proyectos, con alcance internacional. Confecciona estándares de la profesión. Sus certificaciones, entre ellas, la de PMP (Project Management Professional) son reconocidas y cuentan con gran prestigio.

No era menor el artículo, hacía referencia al libro *¿Qual é a tua obra?*, escrito por Mario Sergio Cortella[3].

La otra historia, que he leído de distintas fuentes, y creo que es bastante conocida, trata de un viajante que, yendo por un camino, encuentra a un señor cansado, transpirando, malhumorado, refunfuñando, picando piedras con una fuerte maza; tenía a uno de sus lados una pequeña montaña de las piedras que iba rompiendo y acumulando.

–¿Qué haces, amigo? –le preguntó el caminante.

–¿No ves? ¡Estoy rompiendo piedras! –le respondió aquel, trasmitiendo su enojo.

Sorprendido, el caminante se despidió y continuó por el sendero. Pronto, encontró a otra persona que también estaba rompiendo piedras; a su lado tenía una montaña bien grande de las que iba rompiendo. Y se le ocurrió preguntarle lo mismo:

–Amigo, ¿qué estás haciendo?

El picapedrero, con notable cansancio, pero alegre, dispuesto, satisfecho, le respondió con orgullo:

–¡Estoy haciendo una catedral!

A mí me gusta agregarle algo a esa respuesta; y así lo cuento siempre:

"…El picapedrero, con notable cansancio, pero alegre, dispuesto, satisfecho, le respondió con orgullo: con otros compañeros que cumplen distintas tareas, ¡estamos haciendo una catedral!"

En esta respuesta final hay mucho de ilusión, de magia, de obra. De esto vamos a hablar cuando hagamos referencia a la influencia y a las prácticas correspondientes a las comunicaciones en proyectos.

---

3. Cortella, Mario Sergio: *Qual é a tua obra?*, Vozes, São Paulo, 2009.

Imbécil

En este libro estoy enfocándome en la conducción de proyectos exitosos, es decir, proyectos posibles que logran los resultados imaginados o declarados. Proyectos que decidimos generar, no aquellos que quedan solo en las ideas, en la imaginación.

Fernando Savater[4], en *Ética para Amador*, logra sintetizar de manera exquisita, según mi opinión, un aspecto de la energía necesaria para realizar proyectos.

> "¿Sabes cuál es la única obligación que tenemos en la vida? Pues no ser imbéciles. [...] La palabra imbécil viene del latín *baculus*, que significa *bastón*."

No se refiere al instrumento que se usa para apoyarse por alguna dificultad física, "...sino al bastón necesario para soportar al espíritu debilucho, el espíritu que necesita apoyarse en cosas de fuera, el que cojea, no de los pies, sino del ánimo".

> "Hay imbéciles de varios modelos:
>
> a) El que cree que no quiere nada, el que dice que todo le da igual, el que vive en un perpetuo bostezo.
>
> b) El que no sabe lo que quiere ni se molesta en averiguarlo.
>
> c) El que sabe qué quiere, pero lo quiere flojito, con miedo o con poca fuerza. Termina haciendo lo que no quiere y dejando lo que quiere para mañana, a ver si está más entonado.
>
> d) El que quiere con fuerza y ferocidad, pero se engaña a sí mismo sobre lo que es la realidad, se despista y termina confundiendo la buena vida con aquello que va a hacerle polvo."

---

4. Savater, Fernando: *Ética para Amador*, Ariel, Barcelona, 1991.

De esto vamos a conversar en los temas y prácticas referidos a la gestión de las personas o, como dice *A Guide to the Project Management Body of Knowledge (PMBOK® Guide)*, a la gestión de los recursos humanos.

Gusto por quebrar las reglas

REVISAR!!! SERÁ:
El primero no fue un gol

Diego Maradona, el gran futbolista de todos los tiempos, realizó dos goles a Inglaterra en un partido por el campeonato mundial de fútbol de 1986.

El primero fue un gol, según aceptara él mismo. De hecho, cuando tuvo su programa en Canal 13 de Argentina (*La noche del Diego*) declaró que había sido con la mano, con la mano izquierda que astutamente ocultó detrás de la cabeza al momento de cabecear la pelota. El segundo fue una obra de su excelencia futbolística; recogió un pase, atravesó prácticamente todo el campo de juego, avanzó esquivando a todos los que se le opusieron del equipo inglés, engañó finalmente al arquero y convirtió el gol.

Se recuerda y aplaude más el primero que el segundo.

En varias culturas podemos decir que somos afectos a quebrar las reglas. En un sentido amplio, podríamos decir que atenerse siempre a ellas tiene algo de humillante y abyecto.

Estamos diestros en idear cómo violar las reglas, cómo sacar ventajas, cómo ocultar nuestro incumplimiento, obteniendo un beneficio con respecto a los otros.

Esta predisposición a no seguir las reglas, nos invita a no adoptar métodos de trabajo. Nos gusta ver cómo podemos desafiar esos métodos, que en innumerables circunstancias han sido cuidadosamente diseñados, y su eficacia ha sido comprobada. Encontramos con facilidad una serie de justificativos y razones para violarlas, o no respetarlas.

También, creemos que podemos hacer todo, y al mismo tiempo. Creemos que somos capaces no solo de encarar múltiples cosas simultáneamente sino, también, de hacerlo con eficiencia. He escuchado que las mujeres tienen esa facilidad, hacen varias cosas al mismo tiempo, y bien. Yo no he podido; solo puedo hacer una a la vez.

Quiero citar aquí un párrafo de *Las enseñanzas de Indra Devi*, donde el autor, David Lifar[5], dice:

> "Uno de los motivos por el cual el individuo sufre tanto en nuestra sociedad es porque su mente pasa de un pensamiento a otro, y su voluntad de una acción a otra, con una velocidad vertiginosa que termina atomizando al individuo".

Las reglas, y una metodología para gestionar proyectos, implican realizar las cosas en forma ordenada, cumpliendo los pasos y procesos, cuya efectividad ha sido comprobada.

Vayamos al grano.

---

5. Lifar, David: *Las enseñanzas de Indra Devi*, Editorial Sudamericana, Barcelona, 2005.

1

QUÉ ES UN PROYECTO

El vocablo "proyecto" tiene varias acepciones. Veamos.

> "Mi proyecto es hacer un viaje distinto." "Voy a realizar un posgrado." "Quiero irme de vacaciones durante un mes." "Deseo cambiar de casa; tengo el proyecto de mudarme." "Me gustaría recorrer el mundo." "Ojalá pudiera tomarme un año sabático." "Tengo que cambiar de ambiente." "Voy a hacer dieta."

Aquí estamos expresando deseos, intenciones, ilusiones. Son expresiones que hacemos a diario, por las que declaramos la intención, la idea de hacer algo.

Por otro lado, un proyecto también significa un borrador, un diseño, un esquema. Un dibujo que represente el frente de una casa, los planos borradores de una construcción, de la distribución de las habitaciones de una vivienda. El proyecto de un parque, en el cual podemos ver las distintas secciones de césped, de áreas para plantas y árboles. En esta acepción, un proyecto es un bosquejo, un dibujo, un esquema que sirve para visualizar cómo será la construcción.

Un proyecto también es lo que emprendemos para lograr un resultado, es el conjunto de aquellas acciones que al ejecutarlas nos permiten obtener algún producto, un resultado; por ejemplo, la casa construida. Por ejemplo, un proyecto es planear y ejecutar el viaje de vacaciones, y el resultado es el viaje realizado. Un proyecto es planear y construir una usina hidroeléctrica, y la usina en funcionamiento es el resultado.

Como define el Project Management Institute en uno de sus estándares, *PMBOK® Guide*[6], "un proyecto es un emprendimiento temporal para lograr un producto, servicio o resultado".

Si bien el término "proyecto" se utiliza para expresar distintas cosas, tal como comenté, me voy a concentrar en la última acepción referida a: aquellos proyectos que queremos realizar, en los que nos comprometemos, que emprendemos.

Los proyectos son el corazón de la evolución y el crecimiento.

En estos tiempos en que los costos, las ventas, las ganancias, la calidad y la satisfacción de los clientes están cuidadosamente reconocidos, comprender cómo maximizar el valor a través del mejor control de los proyectos es vital para las organizaciones.

Proyecto es futuro

Tendremos los proyectos según cómo observemos el futuro. Resultan fundamentales una visión clara de lo que se quiere, tener confianza y comprometerse con las acciones. He leído que alguien dijo:

> *Me interesa el futuro porque es el sitio donde voy a ir a pasar el resto de mi vida.*

Recuerdo que mi suegra cada día estaba más afectada por la artritis, cada vez tenía más dificultad para hacer las tareas que acostumbraba: cocinar, ordenar sus cosas, lavar

---

6. Project Management Institute: *A Guide to the Project Management Body of Knowledge (PMBOK® Guide)*, quinta edición, Newtown Square, PA, 2013.

su ropa, caminar, mover sus manos. Luego, llegó sorpresivamente a tener una afección seria que la paralizó casi por completo. Una noche debimos llevarla de urgencia al hospital, y allí le diagnosticaron una enfermedad llamada "Guillain Barré", que le iría paralizando de manera paulatina desde las piernas hacia arriba, hasta que, según nos informaron los médicos, le afectaría la musculatura del tórax, lo que provocaría que el corazón se le detuviera.

Fue medicada y le recomendaron intensos y frecuentes ejercicios, los cuales, decían, eran fundamentales para contribuir a su mejoramiento, remoto por cierto, dada su edad.

Los ejercicios eran realmente dolorosos y agotadores hasta el límite de lo tolerable. Ella los hizo. Se comprometió con hacerlos todos y cada uno. Decía, cuando podía expresarse con palabras, que debía hacer los ejercicios. Lo sabía, lo había asumido.

Sabía claramente qué quería. Quería ponerse bien. Quería *poder hacer* otra vez. Quería vivir para seguir haciendo su vida. Se comprometió en realizar todo lo necesario para alcanzar su objetivo de poder seguir haciendo lo que quería, estar con su familia.

Lo hizo con intensa y disciplinada dedicación, no le fue fácil. Estuvo comprometida, estuvo ocupada en ejecutar cada una de las acciones que la llevarían, finalmente, a tener la capacidad física de moverse con libertad. Ese esfuerzo le permitió luego vivir más de veinte años completamente entera, fuerte, con su familia.

Estoy hablando de compromiso, visualizar algo, decidir y hacer todo lo necesario para alcanzar el resultado.

Dirigir proyectos, necesariamente implica compromiso; luego viene todo lo demás.

Conducir proyectos y ejecutarlos es construir futuro, no esperarlo, sino realizar acciones a través de las cuales edificamos el futuro que deseamos o nos comprometemos a generar.

2

POR QUÉ LOS PROYECTOS FALLAN

Podemos identificar algunos interrogantes respecto del funcionamiento de proyectos:

- ¿Por qué hay buenos y malos proyectos?
- ¿Por qué algunos son exitosos, y otros no?
- ¿Por qué se cumplen ciertos cronogramas, y otros no?

Parece fácil enumerar algunos aspectos negativos determinantes: falta de un plan bien definido, el alcance es ambiguo, metodología inexistente, gente no idónea, carencia de dinero, requerimientos inalcanzables, aspectos externos que influyen negativamente en el proyecto, frecuentes modificaciones a los requerimientos, el conductor no está preparado para cumplir su tarea, en la empresa no se trabaja de manera ordenada, todos los días se cambia el rumbo, la gente no asume compromisos.

La lista de razones puede ser casi interminable, pero dejo que recuerde sus experiencias.

Más adelante, vamos a ir analizando cómo encontrar respuestas a estas preguntas, de qué manera minimizar los inconvenientes propios de un proyecto, cómo estar preparados para los problemas, de qué modo evitar ir a los tumbos, estableciendo el método de "prueba y error", en el que hacemos mal y arreglamos, pues así se nos va el tiempo y el dinero. Veremos cómo tener todo en cuenta.

Un proyecto es el conjunto de acciones que se ejecutan a lo largo de la vida del proyecto, desde su definición hasta su cierre. Las acciones son realizadas por personas. De allí es clara la importancia de su comportamiento, su desempeño, su dedicación, su alegría, su pasión, su interrelación; en definitiva, el compromiso propio y con su equipo en lograr los objetivos del proyecto.

Una persona relevante entre los que forman el equipo del proyecto es quien lidera, el que está a cargo del proyecto, el responsable máximo para lograr el éxito. Puede dársele la denominación o el título de "líder", "director", "gerente", "coordinador", "responsable", etc. Me gusta "gerente", pues un gerente realiza planes, redefine procesos, monitorea el desempeño, conduce, decide.

Aquí surgen otros interrogantes:

- ¿Por qué algunos gerentes de proyecto son exitosos, mientras que otros fallan?

- ¿Por qué con ciertos gerentes de proyecto nadie quiere trabajar, mientras que otros son tan queridos?

Me adelanto, quizás por mi ansiedad, si bien me detendré a tratar con profundidad este tema a lo largo de este trabajo. Exitosos y buenos proyectos dependen del uso de una disciplina, de una metodología integral y común, y de las personas que forman el equipo del proyecto.

Y el Gerente de Proyecto tiene un rol fundamental en ambos aspectos, en el uso de métodos y en el desempeño de las personas, siendo su primera obligación su propio desempeño. Sí, como lo lee, su propio desempeño. Con frecuencia los que dirigen arruinan al equipo, al proyecto, quizás por su extrema responsabilidad, por su ansiedad, o simplemente por su impericia.

La siguiente obligación es ocuparse de su gente, sin pretextos.

3

UN SECRETO

Mi esposa me acompaña hace ya más de cuarenta años. Un orgullo para ambos. Fue ella quien me hizo apreciar y disfrutar de la lectura y el acercamiento a temas menos materiales, sin duda más espirituales.

Vine de una formación estructurada, mis lecturas preferidas eran las que tenían que ver con los resultados, el orden, la organización, la ingeniería, los cálculos, la lógica, aquello relacionado con las "competencias duras".

Si bien los temas que tienen que ver con lo social, con las "competencias blandas", eran de mi interés, no les dedicaba suficiente tiempo para profundizarlos y desarrollarlos. A través de los años, fui avanzando en los conocimientos de aquello que es relevante y que hace que podamos generar proyectos exitosos. Esto es: la relación entre las personas, la comunicación adecuada, el respeto por el otro. Ella me hizo disfrutar el acercamiento a las ciencias humanas, fue ella, como docente que es, quien me ayudó a reflexionar y darme cuenta de que lo fundamental en la ejecución de proyectos son las personas y la convivencia.

En todos los cursos y en los textos cuyo tema es la conducción se habla de ello. Todas las técnicas de conducción aconsejan la correcta administración de las capacidades de los grupos, de la entropía, de la efectividad posible si los grupos trabajan bien, del aumento de la productividad a través del trabajo efectivo de los grupos, del logro de resultados. Son técnicas de conducción para lograr los objetivos.

Esto no es una novedad. En las organizaciones se invierte tiempo y dinero en desarrollar los equipos de trabajo. Prácticamente todos los sistemas de definición de puestos y de evaluación de desempeño contemplan las competencias sociales. Todos los ejecutivos exitosos hablan de la importancia de las personas en el crecimiento de las organizaciones que dirigen.

Hoy día se habla de la diversidad, de aceptar al otro como es, convivir con todas las personas sin hacer diferencias por su credo, su raza, su color de piel, sus orígenes, su aspecto, etc.

Existe algo que es imprescindible, y es la base fundamental que permite que las relaciones humanas buenas y efectivas sean perdurables.

Parece ser un secreto. Digo un secreto en el sentido de misterioso, algo que unos pocos conocen. Me refiero al respeto.

El respeto al otro es la estructura sobre la que se logra una mejor convivencia, nos permite ser mejores personas, y de este modo, ser mejores líderes.

Cuando el respeto existe, es posible generar motivación, construir compromiso, desarrollar conductas adecuadas, lograr trabajo en equipo. En cambio, si falta, es imposible generar relaciones positivas y durables.

4

METODOLOGÍA

Planteo seguidamente una síntesis de un conjunto de prácticas y procesos que contribuyen a una correcta conducción y ejecución de un proyecto. Estos procesos y prácticas han dado resultado en diferentes disciplinas, proyectos y organizaciones.

Todo esto surge de la interpretación de los diversos estándares que el Project Management Institute (PMI) ha publicado, de la experiencia de años de planear y conducir proyectos, y de la interacción con compañeros de trabajo y con los alumnos de nuestra actividad de capacitación profesional.

No desfallezca, luego se pone más interesante y entretenido.

Áreas de conocimiento

En la gestión del proyecto, en su planificación y en su control se administran lo que el PMI dio en llamar, "áreas de conocimientos" en su *PMBOK® Guide.*

Cada área representa un conjunto de conceptos, términos y actividades que conforman un campo profesional, un campo de gestión o área de especialización.

Estas son: alcance, tiempo, riesgos, costos, recursos humanos, comunicaciones, compras y adquisiciones, calidad, interesados. Como todas ellas se deben administrar en forma integrada y coordinada, se incluyó un área llamada "integración".

La adecuada administración de estas áreas debe estar incluida, con procesos bien definidos, en la Metodología de Administración de Proyectos, que abarca todas las acciones para planear, aprobar, ejecutar, controlar y cerrar el proyecto.

Administración de	Incluye los procesos y tareas necesarios para
El **alcance**	Garantizar que el proyecto integre todo el trabajo requerido para que sea completado con éxito.
El **tiempo**	Establecer el cronograma planeado, administrar los tiempos y lograr la finalización del proyecto según se aprobó.
Los **costos**	La estimación, la elaboración del presupuesto, la aprobación y el control de costos de modo que se complete el proyecto dentro del presupuesto aprobado.
La **calidad**	Satisfacer los requerimientos de calidad de la organización en la cual se ejecuta el proyecto, del cliente y de los estándares y regulaciones, según corresponda.
Los **recursos humanos**	Establecer los roles y la organización necesarios, la gestión y la conducción del equipo del proyecto.
Las **comunicaciones**	Garantizar que la generación, la recopilación, la distribución, el almacenamiento, la recuperación y la disposición final de la información del proyecto se realicen en forma oportuna y adecuada a los interesados.
Los **riesgos**	Llevar a cabo la planificación de la gestión, la identificación, el análisis, la estrategia de respuesta a los riesgos, así como su seguimiento y control en un proyecto.

Administración de	Incluye los procesos y tareas necesarios para
Las **adquisiciones**	Establecer los procesos de compras y contrataciones, de la gestión de esos contratos, y de la administración de los contratos firmados con el comprador del proyecto y las obligaciones contractuales contraídas por el equipo del proyecto en virtud del contrato.
La participación de los **interesados**	Identificar y lograr y mantener a esos actores participando positivamente y comprometidos en el proyecto.
Integración	Identificar, definir, combinar, unificar y coordinar los distintos procesos y actividades de los grupos de procesos y demás áreas.

Grupos de procesos

Los grupos de procesos de la disciplina son: iniciación, planificación, ejecución, monitoreo y control, y cierre.

Estos procesos establecen un ordenamiento de las acciones a realizar para el proyecto. En los puntos que siguen voy a describir en forma somera las acciones y fundamentalmente los conceptos a tener en cuenta al seguir estos procesos.

Veamos cada uno de ellos.

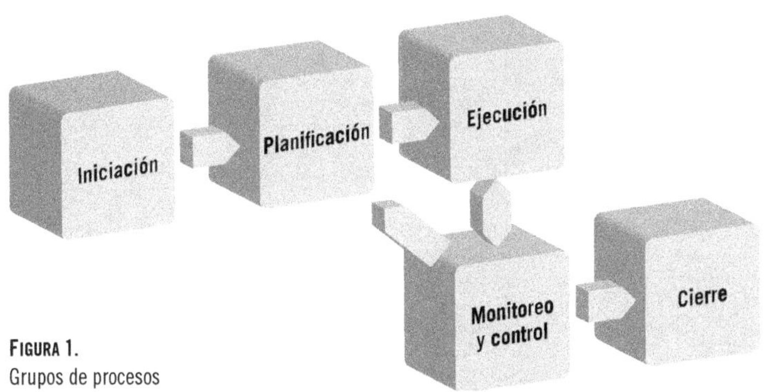

FIGURA 1.
Grupos de procesos

5

INICIACIÓN

Durante la ejecución de este grupo se realizan dos procesos, la confección del acta y el análisis de interesados.

Acta de constitución de proyecto
(*project charter*)

Es un documento que formaliza la existencia del proyecto y quién está a cargo. Debería ser de emisión obligatoria y firmado por un superior del Gerente de Proyecto. Recordemos que con la denominación de "Gerente de Proyecto" me refiero a quien está a cargo, la persona que conduce, dirige, al responsable del éxito del proyecto y de la administración del día a día del proyecto.

En este documento "acta" se debe al menos indicar de qué se trata el proyecto y quién es designado como su gerente. Puede contener alguna otra información con más detalle, como, por ejemplo, fechas relevantes, supuestos, riesgos.

El objetivo de la emisión de este documento es anunciar dentro de la organización la existencia del proyecto, de qué se trata, y quién está a cargo.

Es frecuente observar en organizaciones que hay distintos proyectos que se están ejecutando, pero no está bien identificado quién está a cargo, quién es su gerente.

La responsabilidad por el éxito del proyecto y de la administración del día a día es difusa, o al menos múltiple. Es decir, hay varios responsables. Voy a profundizar este tema más adelante, cuando me refiera a la organización, pero quiero mencionar aquí que si queremos un proyecto exitoso, que logre sus objetivos, debe existir una persona que esté comprometida con él; más aún, el proyecto debe ser visible, debe tener un nombre, debe estar bien identificado y tener a alguien a cargo. No debería ser difusa su existencia.

Esta acta, o *project charter*, normalmente es emitida por el patrocinador del proyecto, y puede contener información que describa globalmente los objetivos que se persiguen:

- Propósito del proyecto.

- Requerimientos globales que se quieren resolver.

- Fechas importantes o hitos en la ejecución.

- Interesados relevantes.

- Quién está a cargo del proyecto.

- Patrocinador.

Análisis de los actores (*stakeholders*)

Los actores o interesados son aquellas personas (puede ser un grupo de ellas) que tienen o tendrán algún interés en el proyecto, en los resultados que se generen. Aquellos que están interesados en resolver sus necesidades a través del proyecto o pueden ser afectados por sus resultados, por la nueva solución.

Estos actores pueden influenciar la ejecución del proyecto, o ser influenciados por este o por su resultado. Pueden tener interés en que el proyecto concluya en forma exitosa, o todo lo contrario.

Bien temprano, mientras definimos el proyecto, se identifican las personas, o conjunto de ellas, que pueden perturbar o apoyar el proyecto, y cómo administraremos sus expectativas, su participación y su compromiso.

Esta identificación y el análisis de sus intereses, de su influencia, de su poder, permiten que durante la ejecución del proyecto pueda solicitarse su apoyo, su ayuda, o si se tratara de influencias negativas, tendremos planeado cómo contrarrestarlas.

Ejemplos de actores son: mis superiores, el patrocinador, la comunidad, el gerente de compras que debe proveernos de suministros a través de su gestión, el usuario que utilizará el producto que se fabricará en el proyecto, el responsable de calidad que deberá ajustar y difundir nuevos procesos, los miembros del equipo del proyecto.

Dedicarse a esta tarea ayuda a prever y evitar enormes pérdidas de tiempo cuando el proyecto se esté ejecutando. Nos permite empezar a entender a quién consultar para clarificar requerimientos, a quién tener en cuenta de manera preponderante, a quién no debemos molestar con información que le resultará redundante o innecesaria, a quién tendríamos que invitar a las reuniones, y a quién informar detalladamente cómo avanza el proyecto.

El primer paso es identificar a todos los que pueden estar involucrados o afectados por la ejecución del proyecto, o por sus resultados.

La segunda fase es analizar y evaluar el poder o influencia que podrá ejercer cada uno de ellos sobre el proyecto, y su interés. Me refiero a interés como positivo o negativo. Es decir, un actor puede estar muy interesado en que el proyecto termine en tiempo pues los nuevos procesos que el proyecto generará le facilitarán el trabajo, mientras otro desee que el mismo proyecto finalice tarde, o que ni siquiera finalice, por ejemplo, porque cuando el proyecto termine deberá cambiar sus métodos y herramientas de trabajo, y no desea aprender nada nuevo. No debemos dejar de analizar a cada uno de los interesados lo más detalladamente posible con respecto a sus roles, su influencia en el proyecto, sus intereses, sus personalidades, sus estilos de liderazgo, tipo de información que prefieren, capacidad de imponer su voluntad, urgencia, ansiedad, etc. Aún más, se debe intentar conocer qué subyace en lo manifestado expresamente.

En función de sus características, la influencia, el poder y el interés que tienen con respecto al proyecto, el impacto que pueden producir en el proyecto, se debe delinear la mejor forma de comunicarse con ellos, qué tipo de información es la más adecuada (¿debe ser bien detallada, o bien global?), ¿debe estar analíticamente expuesta, o ser gráfica?, y otras características a tener en cuenta para confeccionar un plan de comunicaciones orientado a lograr una fluida y efectiva comunicación.

Es relevante comprender cómo son las relaciones de poder de los distintos actores. El Gerente de Proyecto debe ocuparse y comprender de qué manera funcionan las comunicaciones, las interrelaciones y, fundamentalmente, cómo ejercen el poder.

Hoy día el poder está fuertemente relacionado con el manejo de la información. Alvin Toffler[7], en *La tercera ola* y en *El cambio de poder*, describió cómo se modificaba el poder en los ejecutivos y en el personal de las organizaciones

---

7. Toffler, Alvin: *La tercera ola*, Plaza & Janés, Buenos Aires, 1995; *El cambio del poder*, Plaza & Janés, Buenos Aires, 1990.

con el avance del uso de las tecnologías informáticas, fundamentalmente en las organizaciones que él llama "de la tercera ola": las organizaciones del conocimiento.

La competencia y los cambios en los negocios exigen permanente innovación de productos y de las formas de funcionamiento. Con los cambios e innovaciones vienen las resistencias y nuevos conflictos por el poder.

La asignación de montos presupuestarios, la obtención de recursos, la resolución de conflictos, la introducción de nuevos procesos, el apoyo a los proyectos que se están ejecutando, todos, están impulsados por imperativos del poder. Disponer de información da a los ejecutivos poder, gracias al control que ejercen sobre ella.

Además, el cambio es tan rápido y la información necesaria tan compleja, que todos los miembros de las organizaciones están desbordados, atascados con mensajes que, en muchos casos están mal encaminados.

Debido a esto, el análisis de las necesidades y características de cada interesado permite delinear qué y cómo informar para lograr su apoyo. Asimismo, no debemos olvidar que muchos de los interesados se comunican a través de canales informales de comunicación.

Veamos algo más.

La gente no se comporta con fórmulas conocidas y, menos aún, como uno quiere. Por otro lado, las cosas no son lo que parecen.

El modo de influir en los comportamientos de los actores es un asunto que está dentro del área de la política. Esto es una materia en la que los Gerentes de Proyecto deben prepararse, a fin de adquirir las capacidades políticas que les permitan influir y obtener el apoyo o disminuir las resistencias de los actores del proyecto. A veces, esto no es fácil, mucho peor si creemos que la política no es necesaria para ello.

J. Davidson Frame[8], en *La nueva dirección de proyectos*, describió y expuso detalladamente ciertos conceptos a tener en cuenta para manejarse bien en las relaciones con los distintos actores. A algunos de ellos comento seguidamente.

Ser conscientes de que la política tiene una imagen negativa. Esto se ve reflejado en los calificativos que se hacen de algunos políticos: intrigantes, faltos de principios, egoístas, maquiavélicos, ambivalentes, amorales, corruptos.

La verdadera naturaleza de la política es el "arte de influir". El éxito del Gerente de Proyecto en la relación con los distintos actores radica en su capacidad de influir. Si no lo hace, resulta un gerente impotente.

Sostiene Frame que "la política es el proceso por el que se intenta lograr objetivos a través de la acomodación y el ejercicio de la influencia".

El Diccionario de la Real Academia Española define a la *política* como *el arte o traza con que se conduce un asunto o se emplean los medios para alcanzar un fin determinado* (undécima acepción).

Es común que el Gerente de Proyecto se mueva en un ambiente donde la autoridad está difusa. Él mismo se relaciona con personas sobre las cuales no tiene autoridad directa, pues pertenecen a otros sectores, o tienen más jerarquía o rango que él.

Varios son los actores de los cuales el Gerente de Proyecto debe obtener cosas o lograr acciones.

El desarrollo de las capacidades políticas permite ver más allá, no quedarse con lo aparente, sino entender lo que está más profundo. Capacita para ser sensible con respecto

---

8. Davidson Frame, J.: *La nueva dirección de proyectos*, Ediciones Granica, Buenos Aires, 2000.

a lo que está pasando; ajustarse a las situaciones, y adaptar su propio enfoque.

Tengamos en cuenta que dedicamos mucho tiempo de nuestra vida profesional a aprender y desarrollar las capacidades técnicas, cada uno en su profesión. Las capacidades sociales normalmente se dejan de lado o para más adelante; ante conflictos y problemas empezamos a darnos cuenta de la necesidad y urgencia de su desarrollo. Mi opinión: no dejes pasar un minuto más.

Recuerdo que en una importante empresa había un proyecto complejo con actores poderosos, problemas contractuales vigentes, incumplimientos de parte del equipo del proyecto y del cliente, presupuesto de costos excedido; en fin, un proyecto realmente difícil. Se cometió un enorme error que costó caro: se asignó como Gerente de Proyecto a una persona muy capacitada en los aspectos técnicos, que conocía o, mejor dicho, dominaba la metodología de gestión, la manera de hacer los informes, los formularios necesarios… era experto en la solución a construir, y además era una persona muy responsable y comprometida.

Comenzó a gestionar el proyecto, empezó a ordenar todos los aspectos de administración, y bien. El asunto fue que fallaba permanentemente en el manejo de las reuniones, en los encuentros con varios actores clave. Poco a poco, fue perdiendo el control del proyecto y de sí mismo, fue deprimiéndose, hasta llegar a un grado de estrés importante.

El error fue pretender que una persona experta en los aspectos técnicos y con notable falta de experiencia en sus capacidades políticas, de armar relaciones de apoyo, de negociar soluciones, de ceder, de otorgar, de influir, muchas veces a través de medios informales, era la persona indicada para dirigir el proyecto. El resultado: un proyecto fuera de control y una persona con enorme potencial y con licencia médica.

El manejo adecuado con los distintos actores, ya sea para obtener o darles información, para conseguir apoyo o recursos, para minimizar sus influencias negativas, para lograr aprobación, para satisfacer sus expectativas, para conducir una reunión exitosamente, todo es un asunto de manejo político… de buen manejo político.

Volvamos al tema de los actores. Luego de identificarlos, de analizar sus poderes e influencias, sus características, debemos comenzar a diseñar un Plan de Comunicaciones, es decir, definir qué documentación e información hacerle llegar, qué formato, en qué oportunidad, a través de qué medio, cómo nos relacionaremos con ellos, qué tipo de reuniones mantendremos, quién se ocupará.

A las comunicaciones y las distintas tácticas las comentaré cuando conversemos sobre cómo elaborar un Plan de Comunicaciones en el proyecto; por supuesto, tomando como base el análisis de los actores ya comentado.

Veamos cómo poder analizarlos y empezar a identificar las futuras relaciones con esos interesados. Dijimos que debemos identificar a toda aquella persona, grupo u organización que pueda influir en nuestro proyecto, o pueda ser influenciado por su ejecución, o por el producto a generar.

A medida que los identificamos, debemos considerar el *poder* que pudieran tener para ejercer su voluntad en el proyecto. Por ejemplo: ¿qué poder tienen para asignar recursos necesarios?, ¿y para demorar trámites que serán imprescindibles para nuestro proyecto?, ¿qué poder tienen para exigir la finalización de una actividad más temprano de lo planeado?, ¿y para tomar decisiones que pueden ayudar o perturbar al proyecto?

Por otro lado, debemos evaluar el *interés* que cada actor tiene en el proyecto. Por ejemplo: ¿está muy interesado en disponer del producto lo antes posible?, ¿parece querer que el proyecto fracase?, ¿le da igual la terminación o no del proyecto?, ¿estará dispuesto en ayudarnos y realizar gestiones con algún ejecutivo, o no tendrá ningún interés en hacerlo?

Esta información deberíamos obtenerla conversando con cada uno de los interesados, con gente que los conoce. Es decir, debemos hacer una recopilación de información con respecto a las características de cada uno, su poder, su interés, su influencia.

Luego, podemos representar su magnitud en una gráfica de cuadrantes para poder visualizarlos y empezar a idear un plan de relacionamiento y comunicaciones con ellos (ver figura al pie).

La ubicación en cada cuadrante nos permite determinar las acciones que realizaremos en tiempo de planeamiento y ejecución del proyecto.

Por ejemplo, si una determinada persona tiene mucho interés en que el producto cumpla con altos estándares de calidad de funcionamiento, y además es quien firmará la aceptación del producto que vamos a fabricar, tiene poder,

	Mucho poder, poco interés.	Mucho poder, mucho interés.
PODER	Poner mucho esfuerzo en satisfacer sus requerimientos. No aburrirlos con la comunicación.	Comprometerlos y hacer el máximo esfuerzo en satisfacer sus requerimientos.
	Poco poder, poco interés.	Poco poder, mucho interés.
	Monitorear sus necesidades. No comunicarles demasiado.	Mantenerlos informados. Conocen los detalles.

INTERÉS

FIGURA 2. Matriz poder e interés

entonces lo ubicamos en el cuadrante superior derecho. Como allí dice, para tenerla de nuestra parte, debemos mantener con esa persona una relación de respeto y confianza, debemos ser confiables, la comunicación del estado de desarrollo debe ser oportuna y frecuente, principalmente respecto al funcionamiento del producto. También, debemos conocer sus características personales: ¿quiere información permanente?, ¿o la desea solo en determinadas oportunidades?; ¿le gusta participar en reuniones?, ¿le desagrada tener que estar en aquellas que son extensas?; ¿es muy formal?

En síntesis, en función de la identificación y análisis de cada interesado o actor, debemos determinar la modalidad de la relación que mantendremos, las comunicaciones y la información que debemos generar y hacerle llegar. Y asignar a alguien para hacerlo.

6

PLANIFICACIÓN

¿Siempre es posible un plan?

Aquí estamos en uno de los procesos, para mí, más controvertidos, a veces complejos, y más ingeniosos de la conducción de proyectos.

Me voy a referir a aquellos proyectos que tienen un ciclo de vida llamado predictivo o *plan-driven*. En ellos el producto a generar debe construirse completamente para que pueda ser utilizado, normalmente es bien comprendido inicialmente, bien temprano es necesario definir el alcance global del producto y del proyecto.

Con frecuencia vemos que la planificación de los proyectos se hace incompleta, mal, o directamente no se hace.

He escuchado varios argumentos de por qué no se hace o no es posible hacerla. He escuchado, por ejemplo:

- "No hay tiempo; si me dedico a escribir lo que vamos a hacer, no empezamos nunca".

- "En los proyectos en que estoy, no conocemos el diseño de los productos a fabricar hasta que nos dedicamos a diseñarlos y fabricarlos; entonces, mal puedo decir cuánto tiempo me va demandar fabricarlo, o cuánto me va a costar".

- "¿No es mejor que nos pongamos a trabajar en vez de escribir documentos e informes que nunca se cumplen?".

- "Los planes cambian permanentemente y en seguida quedan desactualizados".

- "Cómo voy a planear algo que no sé".

- "No me dan tiempo suficiente para hacer un plan completo y detallado".

- "Los requerimientos o necesidades cambian mucho y para qué disponer de papeles escritos, si los tengo que modificar permanentemente; mejor me dedico a producir".

- Y muchas veces dicho en voz baja: "Si escribo un plan, luego me pueden controlar más fácil".

Así, puedo seguir con un sinnúmero de argumentos.

Detengámonos en comprender qué es un plan para empezar a dilucidar algunas de las frases enunciadas.

Un Plan de Proyecto es un conjunto de documentos para realizar la gestión del proyecto. Sirve para conocer hacia dónde se va o se debe ir, qué se debe lograr con la ejecución del proyecto, cuáles son los desvíos en la ejecución, cómo y qué coordinaciones hay que hacer.

Un plan es una guía, para el que conduce, para todo el equipo del proyecto, para los actores, y sirve para tener claro lo que se debe hacer y en qué momento.

Veamos un proyecto, por ejemplo: irme solo de vacaciones, sin más compañía que mis pensamientos. Este viaje lo puedo hacer sin un plan, es decir, con algunos pesos, con una tarjeta de crédito y el pasaje. Lo puedo ir armando a medida que se desarrolla el viaje. Decido ir a una ciudad o pueblo apenas llego al aeropuerto, me hospedo en el hotel que encuentro, recorro museos, como donde se me antoja, visito plazas y descanso donde estoy. Disfruto del paisaje y de mi viaje según mi estado de ánimo y el lugar en el que me encuentre. El mejor viaje de placer que pudiera hacer. Lindo, ¿no? Puede ser un buen proyecto.

Veamos otro proyecto: viajar con mi esposa. Seguro que debemos ponernos de acuerdo sobre dónde ir y qué hacer, y decidir en conjunto los siguientes pasos. Qué pasa si vamos de viaje con otros amigos, y con nuestros hijos. Ya estará pensando: ¡qué lío!

Puede ser también, sin duda, un viaje de placer; pero debemos decidir entre todos qué hacer, dónde ir, a qué hora salir de excursión, cuándo cada uno hace sus cosas, etc. ¡A no olvidarse que debemos definir qué es "placer" para cada uno! Como ya estarán imaginando, nos tenemos que poner de acuerdo, debemos coordinar las acciones del viaje, llegar a acuerdos, estimar los tiempos, los lugares, y si además hacemos un fondo común de gastos, decidir su administración. Es evidente que para evitar o minimizar los conflictos y satisfacer los intereses de todos, tendremos que ponernos de acuerdo en qué viaje vamos a emprender, cómo nos relacionamos para decidir, qué tiempo insumiríamos en cada ocasión, quién hará qué cosa, qué dinero asignamos a cada actividad, y así puedo seguir detallando. Lo que acabas de leer, es definir un plan, el Plan del Proyecto Viaje.

Realmente es impensable o inimaginable ejecutar un proyecto y lograr cumplir los objetivos sin un plan previamente establecido, consensuado, aprobado. Por supuesto, mientras hacemos el viaje podemos cambiar acciones previstas, visitas programadas, modificar quién se ocupa de qué. Pero, tenemos una guía que nos permite saber qué viaje estamos haciendo y qué estamos cambiando. Todo para mantener la coordinación de las actividades.

Me imagino que si previamente no nos pusimos de acuerdo sobre qué viaje vamos a hacer, durante su desarrollo se producirán conflictos entre los viajeros, intereses no cumplidos, deseos o expectativas que no se concretan, y un

REVISAR LO RESALTADO EN ROJO

sinnúmero de discusiones o insatisfacciones. Acordémonos que sería un viaje de placer, y no de insatisfacción.

En proyectos profesionales, de negocios, es igual. Si no tenemos un plan, no sabemos adónde ir.

Si no sabe adónde ir, cualquier ómnibus viene bien.

O como dicen los navegantes:

Si no sabe adónde ir, ningún viento ayuda.

El otro concepto que quiero comentar es respecto a la mezcla de cosas, a la interrelación de muchas cosas, a la complejidad.

En cualquier proyecto hay muchas tareas que hacer, plazos que cumplir, compromisos que asumir, aspectos técnicos que resolver, limitada cantidad de dinero que administrar, y varias personas que coordinar. Es decir, hay mucho por hacer (y de aspectos o temáticas bien distintos), y todo sucede al mismo tiempo. Debemos coordinar tareas, gente, deseos, expectativas, toma de decisiones, dinero, discusiones, conflictos, etc. Tenemos que administrar la complejidad.

¿Cómo hacerlo sin una guía que nos simplifique o clarifique esa complejidad?

Edward De Bono[9], en su conocido *Seis sombreros para pensar*, dice: "El mayor enemigo del pensamiento es la complejidad, porque conduce a la confusión. Cuando el pensamiento es claro y sencillo resulta más grato y eficaz… El propósito de los seis sombreros para pensar es desembrollar el pensamiento, de modo que el pensador pueda utilizar un

---

9. De Bono, Edward: *Seis sombreros para pensar*, Ediciones Granica, Buenos Aires, 2006.

modo de pensar después de otro, en lugar de hacer todo al mismo tiempo".

"La dificultad principal para el pensamiento es la confusión. Intentamos hacer demasiado al mismo tiempo… Es como hacer malabarismo con demasiadas pelotas."

Haciendo una analogía, la generación de proyectos exitosos implica tener claro qué queremos conseguir, qué hacer para lograrlo, quién va a realizar los trabajos, cómo nos relacionaremos, cómo nos comunicaremos, cómo evaluaremos el estado de la ejecución del proyecto; tener claro cuándo hacer cada una de las tareas, y cuánto dinero necesitamos para realizar el proyecto.

Me estoy refiriendo a la conveniencia de tener un Plan de Proyecto, pues así podemos administrar mejor la complejidad. En realidad, la incorporación de una metodología para administrar proyectos contribuye decididamente a lograr emprender proyectos exitosos.

Una metodología homogénea y única en las organizaciones permite administrar mejor la complejidad. La metodología nos dice qué hacer en cada momento, qué proyectos aprobar y cuándo, cómo confeccionar un Plan de Proyecto, cómo observar el progreso de la ejecución del proyecto.

Comento aquí respecto a la necesidad y conveniencia de una metodología de gestión de proyectos, pues creo que la adecuada confección de un Plan de Proyecto que siga una metodología es la base. Para aprobar un proyecto o no, debo confeccionar un plan. Para realizar la observación de cómo va el proyecto, necesitamos un plan como referencia; para analizar y decidir cambios, precisamos un plan para verificar que ese cambio es efectivo; para comprobar si el proyecto fue un éxito, debo comparar la realidad alcanzada con lo establecido en el plan. Así puedo seguir enumerando indefinidamente las bondades de disponer de un plan escrito.

Si no tengo definido adónde ir, ¿cómo sé si llegué?

El Plan de Proyecto establece cómo se va ejecutar el proyecto y qué se intenta lograr. No me gusta usar la palabra "intentar", pues remite a "voy a tratar". En realidad, si queremos proyectos exitosos, debemos comenzar a utilizar palabras más contundentes, que nos ayudan a fijar el rumbo. El rumbo en proyectos es el compromiso.

Estoy hablando de proyectos exitosos, aquellos que alcanzan los objetivos definidos inicialmente. De los otros se ocupa la vida.

Ahora bien, quizás le esté surgiendo una duda, o varias: ¿todos los proyectos necesitan un plan?, ¿los pequeños también?

Mi respuesta inmediata es SÍ. DEFINITIVAMENTE, SÍ.

Siempre definimos hacia dónde vamos, por más corto que sea el viaje.

Puede ser que ya esté convencido, o persuadido; o esté completamente en desacuerdo, o al menos esté reflexionando respecto de la necesidad de un Plan de Proyecto. Eso espero.

Así es incluso en proyectos iterativos, en los cuales las fases o iteraciones del proyecto intencionalmente repiten una o más actividades a medida que la comprensión del producto se hace más completa y detallada. Las iteraciones desarrollan el producto en ciclos repetitivos, mientras incrementalmente se agregan funcionalidades al producto. Es decir, se desarrolla el producto iterativa e incrementalmente. En cada iteración se ejecutan todos los grupos de procesos: iniciación, planificación, ejecución, control y cierre, y se agregan funcionalidades al producto. La planificación de cada iteración debe realizarse aplicando todos los conceptos que estamos hablando. Lo que puedo decir es que cuando la iteraciones son bien cortas, como las que se utilizan en metodologías ágiles, el plan no es detallado y a veces no es escrito, pero sí enunciado.

Volviendo a nuestros proyectos con ciclo de vida predictivo, algo más.

La adecuada confección de un plan implica hacerlo con método, no podemos completar determinados temas sin haber finalizado otros. Existe una secuencia recomendada. Por ejemplo, no puedo definir cuánto dinero necesito para ejecutar el proyecto si no sé qué debo fabricar, y no puedo saber qué debo fabricar si no sé cuáles son los requerimientos. Es decir, deberíamos seguir una secuencia para confeccionar ese plan.

Repasemos: un Plan de Proyecto es un conjunto de documentos que establece y guía la gestión del proyecto, orienta a todo el equipo a tener claro lo que se debe hacer y en qué momento. Este documento no debemos hacerlo de cualquier forma, tenemos que confeccionarlo luego de considerar varios aspectos, y considerarlos en una secuencia, pues unos alimentan a otros, estos a los siguientes, y así hasta completar el plan.

Sugiero ocuparnos de cada aspecto según esta secuencia:

- Quiénes son los interesados en el proyecto (ya nos ocupamos de este tema).

- Cuáles son los requerimientos.

- Identificar qué productos o entregables debemos construir.

- Cómo vamos a considerar que el proyecto fue un éxito.

- Seguimos con la determinación de cuáles son las actividades que habrá que ejecutar.

- Quiénes van a ejecutar esas actividades; establecer las responsabilidades individuales.

- Cuál es la secuencia de ejecución de tareas.

- La estimación de recursos, tiempo y costo que insumirá ejecutar esas tareas.

- Planeamos el enfoque a los eventuales riesgos que aparezcan.

- Qué comunicaciones realizaremos en función de los actores.

- Cómo lograremos la participación efectiva de los actores.

- Qué consideraciones de calidad tendremos.

- Finalmente, confeccionar el cronograma y el presupuesto del proyecto.

Así tendremos un plan completo.

Si está perdido, le pido que relea la secuencia. Siempre hay confusión al principio, luego se clarifica. Estoy proponiendo una secuencia de actividades que sugiero hacer para confeccionar el plan, y es la que vamos a seguir en los próximos capítulos.

Resulta muy conveniente hacer el planeamiento en la secuencia que comenté, pues con la realización de cada etapa obtengo información necesaria para hacer la siguiente actividad. Esta secuencia no es absoluta. Me explico mejor. Me refiero a que en cada actividad obtenemos información, pero quizás no toda la necesaria para las siguientes podemos no tener disponible a la persona que sabe, o simplemente no tener información. En esos casos, debemos seguir, con lo que tenemos, con la siguiente actividad según la secuencia, y posteriormente volver a las actividades anteriores de manera iterativa para completarlas. Es decir, la realización de las actividades que enumero debe hacerse de forma iterativa, avanzando con mayor detalle en cada vuelta.

Tengan en cuenta que debemos avanzar con las siguientes actividades, no detenernos, y volver posteriormente a efectos de ir completando, detallando, perfeccionando la información que faltaba o no podíamos resolver.

Veamos con más detalle los temas y actividades, en la secuencia mencionada, para confeccionar el Plan del Proyecto.

Requerimientos del proyecto

Se identificarán y documentarán los requerimientos del proyecto, ya sean técnicos, de calidad, de normas de la industria, de regulaciones, legales, de normativas (municipales, provinciales o nacionales, internas de la organización), etc.

Aquí hay mucho por conversar.

Podemos decir, y seguro que ha vivido algo similar, que los requerimientos de los proyectos no están claros, que el usuario o cliente no sabe bien qué quiere, y mucho menos en detalle. También, sabe que los requerimientos cambian. Los que deben definir los requerimientos no tienen tiempo, no asignan a las personas que los definan, no asisten a las reuniones que se hacen para definirlos, no responden ante pedidos para clarificarlos. Y así podemos seguir, casi interminablemente.

La pregunta es: ¿cómo podemos comprometernos a construir un producto, a ejecutar el proyecto en tiempo, con costos definidos, si no conocemos qué debemos resolver?

Así vivimos con frecuencia en las organizaciones. Digo "en las organizaciones" por limitar el ámbito, ya que los proyectos son parte de nuestra vida. En general, los proyectos se aprueban, se les asignan recursos y se compromete fecha de terminación, sin conocer bien qué hay que resolver.

Una ajustada definición de cuáles son los requerimientos de un proyecto debe hacerse lo antes posible. Es la base para avanzar en las otras actividades para hacer un plan y comprometerse, y cumplirlo.

Si los requerimientos del proyecto están mal definidos, para cuando nos demos cuenta, el impacto de corregir todo lo hecho será costoso, y se irá incrementando cuanto más tiempo transcurra.

Una historia conocida o vivida, ¿le suena?: "¡Esto no es lo que quería, no me entendiste!".

Creo que muchas veces vivimos en la incongruencia. Omitimos, por apurados, por ansiedad, por urgencia, realizar las cosas de manera coherente. En función de los requerimientos debemos imaginar, estimar las acciones que nos permitan construir el producto a generar en el proyecto. No es al revés. Los requerimientos tienen relación directa con el producto a fabricar. Es lógico y simple. Los productos que debemos fabricar surgen de una correcta y completa definición de requerimientos.

Si no sé qué debo resolver,
no sé qué solución fabricar.

Los requerimientos o requisitos de un proyecto surgen de las necesidades del usuario o cliente, del patrocinador, de las reglas de la organización, de las normas de la industria, de las regulaciones, de los interesados, entre otras fuentes.

En el ejemplo del proyecto viaje que comenté, deberíamos definir al planearlo cuáles son los requerimientos. Si establecemos que será un viaje de placer, debemos definir qué considera cada uno de los viajeros como placer. Algunos considerarán placentero visitar museos de pinturas de reconocidos artistas, otros recorrer lugares históricos, otros querrán estar en la playa tomando sol (que no olviden usar protector), y así podríamos seguir enumerando. El asunto es establecer cuáles son los requerimientos que el viaje-proyecto debe satisfacer, luego definiremos adónde ir.

Aquí me viene a la mente la incongruencia. Cuántas veces salimos de viaje sin tener definido cuáles son los intereses de cada uno de los participantes. ¿Qué sucede entonces? Discusiones, lamentos, quejas. En fin, estamos ejecutando el viaje sin saber qué debemos satisfacer o lograr.

Otro tema. Sin duda, durante la ejecución del proyecto y también a lo largo del tiempo de confección del Plan del Proyecto, los requerimientos cambian. Los clientes o usuarios modifican sus necesidades, las condiciones de los negocios se transforman. Esto es así.

Lo único regular y permanente es la existencia de los cambios.

Estos cambios existen. No se pueden evitar. Debemos administrarlos. Resulta necesario implantar una adecuada administración no solo de las modificaciones en los requerimientos, sino de las que se produzcan en el proyecto en su conjunto. Esto lo veremos cuando conversemos del monitoreo y control del proyecto.

Pero, para saber qué es un cambio, debemos haber definido los requerimientos originales. Y esto es lo que seriamente resulta necesario hacer en tiempo de planificación: establecer los requerimientos a satisfacer.

Todos los recursos y el tiempo invertidos en esta actividad de definir los requerimientos redundarán en el cumplimiento de los objetivos del proyecto. Si no es posible definirlos todos, aboquémonos a los posibles, definamos el proyecto para satisfacer esos requerimientos, acotémoslo.

Puede ser que esté pensando: "¡Qué fácil es decirlo, pero en mi organización no es posible! ¡Debo iniciar el trabajo con los requerimientos ambiguos o indefinidos!".

Aquí recuerdo la letra de la canción: "a mí me pasa lo mismo que a usted". Sí, he vivido frecuentemente la necesidad de comprometer fechas y costos sin saber con claridad cuáles eran los requerimientos.

La velocidad de los negocios, y de los ejecutivos, nos lleva a trabajar en forma muy rápida.

Rápido sí, pero no mal.

Aquí estamos ante uno de los temas que debe ser incluido en los riesgos del proyecto. Si debemos presentar un plan, comprometer fechas y recursos, estamos obligados a estimar sin mucha información, con poca exactitud, y es entonces cuando pueden aparecer en tiempo de ejecución tareas no previstas por ese desconocimiento de los requerimientos; por lo tanto, deberemos incluir riesgos en ese plan a presentar.

Buenas prácticas de la administración de proyectos incluyen todo lo necesario para lograr una acabada definición de requerimientos: esfuerzo, tiempo, dedicación de personal. Es la base sobre la cual se definen todas las tareas posteriores.

Tengamos en cuenta que la definición de requerimientos concluye al confeccionar documentos escritos donde se define cada uno de ellos. Esos documentos deben estar convenidos, validados con el cliente del proyecto, con los interesados que participan en esa definición y los que aceptarán después el producto construido. La redacción de los documentos debe ser clara, comprensible, completa, y sin ambigüedades; los requerimientos tienen que ser coherentes entre sí.

Escribir con la mayor claridad cada uno de los requerimientos nos permitirá conocer lo que se debe satisfacer. Es obvio, ¿verdad? Pero es demasiado frecuente, y más de lo razonable, encontrar que los requerimientos no están escritos, sino en la mente de la gente, están en el aire de una reunión. Reitero: esta documentación de los requerimientos debe ser hecha sin ambigüedades, bien clara y entendible por todos. Todas las ambigüedades existentes generarán discusiones, problemas, retrabajo, demoras, incumplimientos.

Un asunto particular es definir los requerimientos de calidad que deben satisfacerse, no solo los definidos por el cliente, sino también los establecidos por las normas internas de la organización, por las leyes y regulaciones de la industria.

Una forma clara de verificar luego si los requerimientos son satisfechos, es agregar a la definición de cada requerimiento su criterio de aceptación.

Un criterio de aceptación es establecer qué proceso se va a seguir para comprobar y verificar que lo producido satisface el requerimiento. Esto está vinculado a la calidad. Qué prueba se hará, qué valores deben obtenerse para considerar que el producto cumple con los requerimientos.

Entonces, los requerimientos son de distintos tipos: del negocio, de los interesados que los definen, también los expresan con alguna ambigüedad, de la solución técnica o del producto que debemos fabricar, de las regulaciones, de las normas de calidad, etc.

Ahora bien, ¿cómo recolectar todos los requerimientos? Debemos empezar con la convicción de que todas las horas dedicadas a esto serán una inversión que rendirá sus frutos, y no es una pérdida de tiempo.

Luego deberemos desplegar una serie de acciones. Primero, conseguir y disponer de todos los documentos al respecto, como ser: pliego completo de licitación (si estamos confeccionando una propuesta), documentos de reuniones mantenidas, correos electrónicos recibidos, normas de la organización, estándares de calidad a cumplir,

REVISAR LO RESALTADO
EN ROJO

regulaciones, todos relativos a las necesidades expresadas por los interesados y particularmente por el cliente del proyecto. Debemos hacer entrevistas, relevamientos, encuestas, cuestionarios, analizar toda la documentación. También, y dependiendo del tipo de producto y proyecto, debemos realizar maquetas o prototipos para que el cliente pueda observar una simulación del producto a construir. Con todas estas acciones, reuniones y análisis llegaremos a escribir los documentos donde están expresados con la mayor claridad posible los requerimientos recolectados.

Un paso muy importante es validar esos documentos en los que fueron volcados los requerimientos, es decir, lograr que los interesados involucrados en definirlos o aprobarlos lo hagan. Hay que tener en cuenta que esta tarea es tediosa, la gente está apurada y es resistente a releer con detenimiento esos documentos y validarlos; quiere que se empiece a trabajar en construir el producto o a presentar los presupuestos, y que se establezcan las fechas de terminación. No hay que desfallecer, la definición de los requerimientos con claridad permitirá ir bien rápido, y no volver atrás.

Una vez definidos o esbozados los requerimientos, podemos dedicarnos a analizar cuáles son los entregables que debemos fabricar.

Entregables

Se denomina "entregable" a cualquier producto, resultado o capacidad de prestar un servicio que debe ser producido para completar un proceso, fase o proyecto.

Un sistema informático realizado, los planos de una construcción, el edificio construido, un curso dictado, el material del alumno confeccionado, el viaje realizado, un documento de aprobación del funcionamiento de un producto son ejemplos de entregables.

Cuando digo "entregable" me refiero a algo tangible, concreto, verificable.

Tengamos en cuenta que estamos conversando sobre cómo construir un Plan de Proyecto. Para ello, aquí debemos identificar los entregables que después, en tiempo de ejecución, generaremos. Debemos imaginar, identificar esos entregables.

Esta identificación de entregables se realizará lo más detallada posible. Sin duda, aquí estamos enumerando y describiendo los entregables que en tiempo de ejecución del proyecto serán generados, construidos.

Otro concepto práctico es que los entregables son los que satisfacen los requerimientos. Es decir, en función de los requerimientos del proyecto, generaremos los entregables en tiempo de ejecución.

Es muy práctico imaginar que todos los requerimientos serán satisfechos por algún entregable o parte de él. Una vez identificados los requerimientos, debemos vincularlos con el entregable que, cuando esté fabricado y en funcionamiento, satisfaga al requerimiento. Por ejemplo: si el requerimiento dice "las paredes serán pintadas en látex de color blanco", los entregables serán dichas paredes pintadas y el certificado de obra que verifique tal cosa. Otro ejemplo: si el requerimiento es "el dispositivo debe registrar las fallas y su tiempo entre fallas debe ser menor a 2.000 horas", el entregable, además del dispositivo, debe ser un documento donde se compruebe si el requerimiento se cumple o no.

La vinculación no es uno a uno, sino que es uno a varios, y viceversa. Un requerimiento es cumplido por uno o más entregables, y un entregable puede satisfacer un requerimiento o más.

En síntesis, debemos identificar los entregables que satisfacen los requerimientos y vincularlos entre sí; debemos iniciar la construcción de la trazabilidad entre requerimientos y entregables.

Factores de éxito

Se establecerá con los actores principales cuándo y cómo se considerará exitoso el proyecto. Esto es a efectos de incluir en los planes de trabajo no solo las actividades para la construcción de los entregables, sino todas aquellas que resulten necesarias para lograr el cumplimiento de dichos factores de éxito.

Tenerlos presente, determinar cómo se logran y enfocarse en fabricarlos es característica fundamental de una gestión de proyectos profesional y exitosa.

Digo "fabricar", pues los objetivos, los factores de éxito, no están en algún lugar físico, sino que se encuentran en nuestra imaginación, son etéreos, o en todo caso, se encuentran enunciados, escritos. Nosotros los tenemos que construir, hacerlos reales, hacerlos concretos; por eso, me gusta decir que debemos fabricarlos.

Algunos ejemplos de factores de éxito son: el plazo de terminación del proyecto, los estándares de calidad a cumplir, los recursos a insumir. También los factores de éxito los define el patrocinador del proyecto, a él hay que involucrar en el establecimiento de esos factores de éxito.

Cuando analicemos los trabajos o tareas a realizar en el proyecto, vamos a conversar sobre qué hay que tener en cuenta para fabricarlos.

Supuestos

Todo aquello que no está incluido en el proyecto y se supone que ya existe, es previo o estará disponible para el proyecto. Estos supuestos ayudan a delimitar el proyecto, lo que no está incluido.

Las tareas y provisiones que deberá realizar el cliente del proyecto forman parte de los supuestos.

Es todo aquello que no será hecho en el proyecto, pues ya existe o estará a cargo de un grupo o área externo al proyecto. Si estos supuestos no son reales o no se cumplen cuando sea necesario, influirán en el proyecto: se producirá un atraso hasta que se disponga de ellos, hasta que algún sector externo al proyecto los facilite o sean realizados por el proyecto, con los consecuentes cambios de plazos y recursos.

Los supuestos deben ser identificados y enunciados pues su no existencia afectará al proyecto. Es también una forma de delimitar el alcance del proyecto.

Si se trata de un proyecto de construcción civil, un supuesto puede ser la preexistencia del predio; en cambio, en el desarrollo de un sistema informático, un supuesto puede ser que el hardware debe estar disponible, no será provisto por el proyecto.

Esta identificación de supuestos se hace para delimitar las responsabilidades del proyecto. Pero a no dormirse, debe verificarse su disponibilidad en tiempo de ejecución con la debida anticipación para alertar su eventual no disponibilidad.

Limitaciones o restricciones

Comprenden todo aquello que condiciona o restringe la ejecución del proyecto. Estas limitaciones o restricciones (*constrains*) se enuncian para considerar las acciones específicas que se deben realizar, debido a su existencia. Si estas limitaciones no existen, posiblemente el proyecto se pueda realizar con menos riesgos, más barato, etc.

Algunos ejemplos de restricciones son: un plazo preestablecido, o los recursos específicos disponibles solo en una limitada cantidad.

El enunciado de las restricciones es un notorio elemento para fundamentar o justificar determinadas acciones que no se realizarían si esas restricción no existieran; o el uso de recursos específicos que se ahorrarían si no estuviera.

Identificar las limitaciones o restricciones ayuda a estar concentrado en resolverlas, en superarlas. En esta identificación empieza el desafío.

Cuando un líder se enfrenta a la adversidad, genera mayor iniciativa personal, idea acciones novedosas y diferentes para resolverla, para superarla. Ser consciente de las limitaciones nos permite estar permanentemente verificando su existencia y superación, y mantener nuestro potencial para cumplir el compromiso asumido, que no es más que el de llevar a cabo con éxito el proyecto.

Trabajo - actividades - tareas

Aquí llegamos a los trabajos que se deben hacer para ejecutar el proyecto, para llevarlo a su terminación completa.

Utilizo los términos "tareas", "actividades", "acciones" y "trabajo" como sinónimos.

Recordemos que estamos haciendo el Plan del Proyecto. Estamos recorriendo las acciones que deberían hacerse para confeccionar un Plan de Proyecto completo. Me refiero a identificar las tareas, actividades, trabajos que deberemos hacer cuando "ejecutemos" el proyecto.

Me detengo un poco aquí, para repasar.

Estamos haciendo el Plan del Proyecto, a esta altura hay varias etapas finalizadas:

* Identificamos a los actores y analizamos su poder e interés en el proyecto que estamos planeando.

- Recolectamos y definimos los requerimientos del proyecto.

- Identificamos los entregables.

- Establecimos los factores de éxito.

- Enunciamos los supuestos y las restricciones.

Ahora estamos conversando acerca de las tareas que serán necesarias.

Entonces, tenemos que imaginar, estimar, identificar exhaustivamente las actividades, los trabajos que deberemos hacer para fabricar los entregables y los factores de éxito del proyecto. En esta etapa de confección del plan solo deberíamos concentrarnos en determinar cuáles son las actividades; sobre quién las va a hacer reflexionaremos más adelante en la elaboración del plan, no ahora.

Me refiero a que una metodología implica trabajar por pasos, no hacer varias cosas a la vez, sino una, después la otra, luego la otra, y así.

Podemos identificar distintos tipos de actividades que deberemos hacer cuando ejecutemos el proyecto. Las actividades o trabajos que con su ejecución construimos los entregables. Por ejemplo: en un proyecto de construcción de un edificio, hacer los planos, levantar las paredes, colocar la carpintería, pintar los muros. Otro tipo de trabajo son los de soporte, como contratar los suministros necesarios, recibir los materiales e inspeccionar su calidad, y lograr las aprobaciones municipales de ejecución de obra. Otra clase de actividades son las de gestión, las de administración del proyecto, que son necesarias para cumplir o lograr los factores de éxito.

Identificar las tareas es relevante en la planificación de un proyecto. Si no identificamos qué tareas son las necesarias, no les asignaremos tiempo en el cronograma, no estableceremos quién las va a realizar y no reservaremos el dinero para hacerlas. Solo porque no las hemos identificado.

La cuestión es que en la ejecución real del proyecto, las actividades necesarias son realizadas, nos guste o no, las hayamos planeado o no. El problema que aparece con las actividades no previstas en el plan durante el tiempo de ejecución, es que cuando las debemos hacer, no tenemos los recursos, no sabemos quién las debe hacer, cuánto se va a demorar en terminarlas, y otros "males". Digo "males" pues cuando estamos ejecutando el proyecto el reloj está activo, y el tiempo corre, o mejor dicho vuela.

Durante la ejecución hay mucho por hacer, y no nos deberíamos dedicar a "inventar la pólvora", sino más bien tendríamos que minimizar las improvisaciones. Las actividades deben estar previstas en el plan; así, de esa manera, como veremos más adelante, tendremos claro quién se ocupará de ellas, qué tiempo demandará su realización, tendremos reservado el dinero suficiente, y otros "bienes".

En síntesis, todas las actividades necesarias en un proyecto que logra cumplir sus factores de éxito son realizadas, estén previstas en el plan o no. Es simple deducir que si están en el plan, está todo previsto para que se ejecuten; y si no lo están, las haremos igual, pero utilizando más recursos de los planeados (gente, equipos, materiales, dinero), y aquí tenemos uno de los desvíos comunes en proyectos: demorar más tiempo y utilizar más dinero de lo planeado.

Work Breakdown Structure (WBS)

Ahora bien, cómo identificamos las acciones a realizar. Veamos una técnica utilizada y difundida por el PMI en su *PMBOK® Guide,* la WBS o, en español, la EDT.

Wbs son las siglas en inglés de *Work Breakdown Structure*, lo que se traduce al español como "Estructura de Desglose del Trabajo" (EDT).

La wbs ha sido clave en la dirección de proyectos desde los inicios de la profesionalización de la disciplina, expresa el trabajo que hay que hacer en un proyecto. Es la representación estructurada de todas las actividades a realizar.

Además, la wbs es un formidable elemento de comunicación, pues establece una clara visión del trabajo que debe ser llevado a cabo para construir los productos finales y los resultados a obtener al ejecutar el proyecto.

Es el desglose estructurado del trabajo a realizar en el proyecto. Tiene distintos niveles de desglose, cada uno representa un determinado nivel de detalle del trabajo.

Veamos un ejemplo de una wbs sintética para el proyecto de construir una casa:

1. Construcción de la casa soñada
    1.1. Compra del terreno
    1.2. Diseño de la casa
    1.3. Construcción de la casa
    1.4. Decoración de la casa
    1.5. Gestión del proyecto

Es un ejemplo bien simple. Los ítems enumerados en esta wbs son las cosas que deberemos hacer. Obviamente, se trata de un desglose bien elemental.

Veamos uno con algo más de detalle:

1. Construcción de la casa soñada
    1.1. Compra del terreno
    1.2. Diseño de la casa

      1.2.1. Selección del estudio de arquitectura
      1.2.2. Diseño de la casa
  1.3. Construcción de la casa
      1.3.1. Construcción civil
      1.3.2. Resto de infraestructura e instalaciones
  1.4. Decoración de la casa
  1.5. Gestión del proyecto

La WBS también puede ser graficada mediante un diagrama de árbol invertido (ver figura al pie).

Este tipo diagrama permite observar visualmente de qué se trata el proyecto, qué incluye. Es muy conveniente que esta construcción de la WBS se haga usando este gráfico, pues facilita que varias personas puedan compartir la visión y además cambiar el desglose o desagregación del trabajo. La utilización de etiquetas autoadhesivas ofrece practicidad y comodidad para ir configurando la WBS que se consensúe entre los integrantes del equipo de construcción, al menos cuando se está confeccionando la WBS global.

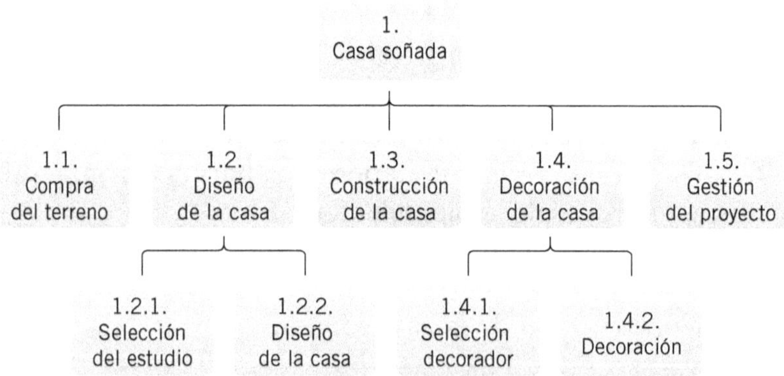

FIGURA 3. WBS de 3 niveles

Veamos, por último, un desglose con mayor detalle: veamos una WBS con cuatro niveles, y no solo dos como el ejemplo anterior.

1. Construcción de la casa soñada
    1.1. Compra del terreno
        1.1.1. Determinar la zona geográfica
        1.1.2. Consultar en inmobiliarias por precios
        1.1.3. Obtener propuestas de terrenos
        1.1.4. Evaluar las propuestas
        1.1.5. Firmar boleto de compraventa
        1.1.6. Escriturar el terreno
    1.2. Diseño de la casa
        1.2.1. Seleccionar el estudio de arquitectura
        1.2.2. Conversar con los arquitectos
        1.2.3. Diseño global
            1.2.3.1. Hacer tres opciones de diseño
            1.2.3.2. Convenir diseño con el dueño
            1.2.3.3. Hacer ajustes al diseño
            1.2.3.4. Aprobar diseño global
        1.2.4. Diseño detallado
        1.2.5. Aprobación del diseño
        1.2.6. Confección de planos
        1.2.7. Aprobación municipal de planos
    1.3. Construcción de la casa
        1.3.1. Cimientos
            1.3.1.1. Alquilar maquinaria
            1.3.1.2. Hacer el movimiento de suelo
            1.3.1.3. Construir cimientos
        1.3.2. Levantar paredes y techos
        1.3.3. Instalaciones

        1.3.3.1. Realizar instalación eléctrica

        1.3.3.2. Realizar instalación de datos

        1.3.3.3. Realizar instalación de TV

        1.3.3.4. Realizar instalación seguridad

    1.4. Decoración de la casa

      1.4.1. Seleccionar decorador

      1.4.2. Convenir decoración

      1.4.3. Decorar

    1.5. Gestión del proyecto

      1.5.1. Generación de informes de avance

        1.5.1.1. Recolectar datos

        1.5.1.2. Confeccionar informes de avance

      1.5.2. Seguimiento

        1.5.2.1. Evaluar estado del proyecto

        1.5.2.2. Identificar desvíos

        1.5.2.3. Diseñar acciones correctivas

        1.5.2.4. Modificar plan

        1.5.2.5. Implantar los cambios al plan

      1.5.3. Gestión contrato con proveedores

      1.5.4. Cierre del proyecto

Como se ve, esta versión es más detallada. Observemos que tenemos en algunas partes un desglose de cuatro niveles, y en otros, de tres niveles. El nivel uno es el proyecto.

La idea es que la WBS debe representar todo el trabajo necesario para completar el proyecto. Como se deduce, cuanto más grande o complejo es el proyecto, la WBS tendrá mayor tamaño, más elementos y más niveles de desglose.

Los niveles superiores de la WBS reflejan los entregables mayores, o las disciplinas. Es conveniente utilizar sustantivos para identificar esos elementos. A medida que bajamos a través de los niveles, la recomendación es denominar a los elementos con verbos, ya que estos indican claramente que son acciones, tareas, actividades, trabajo a realizar.

La forma de una WBS varía según los proyectos y fundamentalmente las preferencias de la gente que la hace. Me refiero a que los niveles superiores pueden indicar entregables principales del proyecto, pueden identificar áreas geográficas en que se realizarán las tareas, pueden agruparse por profesiones, por departamentos, etc. Todo es posible, confecciona la WBS como quieras.

Una obligación ineludible: incluir todo el trabajo requerido en el proyecto. No debemos omitir ningún trabajo, pues si lo hacemos, luego no preveremos ni los recursos ni la gente necesarios para realizar las actividades, ni el dinero, ni el tiempo que demandará hacerlas.

Una de las causas que generan desvíos importantes en los proyectos es que no identificamos todas las tareas necesarias. Luego, las hacemos utilizando más tiempo y mayor erogación de dinero que lo previsto en el plan. Ya lo hemos comentado.

En otras palabras, la WBS debería estar completa para luego prever los recursos necesarios. La WBS es la base para realizar las estimaciones de duración, para costear, para hacer el cronograma, para asignar responsables de realizar los trabajos, de analizar riesgos, de las contrataciones, y llevar a cabo los controles posteriores.

La WBS no incluye tiempos o plazos, ni recursos, ni quién ejecutará la tarea. Es un desglose de los trabajos que vamos a hacer. Determinar o planear quién realizará cada tarea, cuál es el costo involucrado, cuánto tiempo es necesario, son temas que vienen después, en la confección del Plan del Proyecto. Lo veremos en los capítulos siguientes.

Sí incluye lo que se llama el "Diccionario de la WBS". Esto es una descripción detallada de lo que significa cada actividad. Es un glosario que detalla qué significa la actividad y los elementos para hacerla; puede tener otra información agregada que permita entender en qué consiste la actividad.

Completemos el concepto de la wbs. Varias son las formas de representarla: puede ser de la manera en que lo hicimos más arriba, o como escribimos el índice de un libro, o, como hemos mostrado, puede ser un diagrama de árbol invertido.

¿Hasta qué nivel debo desglosar? ¿Cuándo termino? quizás surgen esas preguntas.

El desglose debería llegar hasta identificar aquellos elementos cuya ejecución no dure más que un período de revisión del proyecto. Me explico un poco mejor. Si para la gestión del proyecto decidimos realizar un control formal del proyecto mensualmente, entonces la duración de los elementos de menor nivel de la wbs no debe exceder de un mes. Si tienes un elemento que duraría más de un mes, desglósalo. Si el control será semanal, los elementos de menor nivel deberían demorar no más que una semana; si no, desglósalos. Esta es una práctica que facilita el control, como veremos con mayor detalle en "Seguimiento y control del proyecto".

Solo para vincularlo con otros textos, quiero comentar que a los elementos del menor nivel de la wbs se los denomina "paquetes de trabajo" (*work package*). Un paquete de trabajo es un conjunto de trabajos o actividades que son coordinadas por una misma persona a cargo. Los informes estructurados de avance se realizan dando información hasta el nivel de paquete de trabajo; esto más es así cuanto más grande sea el proyecto. En la práctica desglosamos hasta el nivel de actividades y con las actividades seguimos con el planeamiento.

Una práctica altamente recomendada es realizar la wbs del proyecto en un trabajo grupal, al menos con los niveles superiores. Me refiero a incluir en la confección de la wbs a todas las personas que tendrán algo que hacer en el proyecto, a representantes de todas las profesiones o departamentos, a los actores principales.

En resumen, la WBS representa todo el trabajo a realizar en el proyecto; no solo el trabajo para construir los entregables, sino también los necesarios para lograr los factores de éxito del proyecto. La rama denominada, en el ejemplo, Gestión del Proyecto agrupa todo el trabajo necesario para lograr los factores de éxito. Nuevamente, los factores de éxito hay que construirlos, generarlos, no llegan solos. Debemos verificar permanentemente cómo avanza el proyecto, cómo estamos alineados con el plan o cuánto estamos desviados, qué hacer para corregir el rumbo. O también, qué ajustes al plan original debemos hacer y comunicarlos a los actores del proyecto.

Con la WBS esbozada, y si podemos tenerla bien detallada, pasamos al siguiente proceso de planificación, el de secuenciar las tareas.

Recordemos que la planificación es una tarea iterativa, avanzamos con cada uno de los pasos, y luego debemos volver a completar o ajustar lo hecho en las etapas anteriores. Es decir, hicimos una WBS hasta el nivel de detalle que pudimos, si nos falta mayor detalle, más desglose, seguimos adelante con el paso siguiente que describimos enseguida; luego volveremos a perfeccionarla cuando esté disponible la persona que sabe, o la propuesta de un proveedor que detalla esa rama de la WBS que nos falta.

Secuencia y red

Aquí empezamos a considerar e incluir el tiempo en el planeamiento. Recordemos que ya identificamos a los actores y sus características, los requerimientos del proyecto, los entregables y los factores de éxito a generar, y conversamos de la confección de la wbs, un elemento fundamental en el planeamiento de las actividades.

Teniendo en cuenta la wbs confeccionada, y enfocándonos en el nivel inferior, es decir, las actividades, comenzamos a establecer la secuencia: qué tarea hacer después de otra, cuáles deben estar completadas para iniciar otras, cuáles puedo realizar en forma simultánea. Esto es armar la red del proyecto.

En nuestro proyecto de construir la casa soñada, tomando una parte de los trabajos, una secuencia de las tareas es: construir la pared, revocar, pintar, limpiar; y simultáneamente, podemos ir realizando el parque.

La secuencia es el orden en el cual debemos ejecutar los trabajos. Establecemos la oportunidad para ejecutar cada una de las actividades. Luego de esta secuencia estimaremos la duración de cada tarea en función de los recursos asignados.

Tengamos en cuenta que todos los elementos inferiores –quiero decir de mayor desglose– deben ser secuenciados y estar en la red. Ningún elemento superior debe estar en la red, solo los inferiores.

Nuevamente, quiero insistir en lo siguiente: la wbs es una representación no temporal, representa todo el trabajo necesario, sin temporalidad. En la red que empezamos a construir ahora está el tiempo, establecemos o decidimos la secuencia temporal en la cual se debe ejecutar cada una de las actividades.

Estas secuencias se establecen teniendo en cuenta las relaciones lógicas o dependencias entre las actividades. No podemos pintar antes de construir la pared y revocarla. Es decir, según el tipo de trabajo existen diferentes clases de dependencias entre las actividades.

Las dependencias o relaciones lógicas comunes son:

- *Fin-comienzo*: una actividad debe finalizar para que la siguiente pueda comenzar; dicho de otra forma, para que una pueda empezar, la predecesora debe haber terminado.

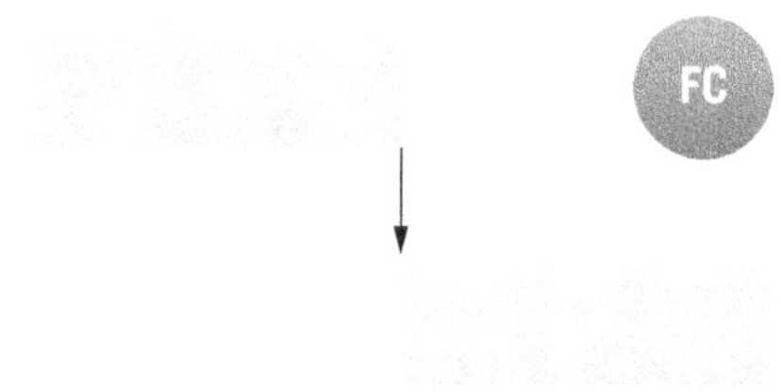

FIGURA 4. Relación fin-comienzo

Ejemplos: construir cimientos y levantar paredes; programar un software y probarlo.

- *Comienzo-comienzo*: una actividad debe haber comenzado para que la otra pueda iniciarse; dicho de otro modo, para que una pueda empezar, la relacionada ya debe haberlo hecho.

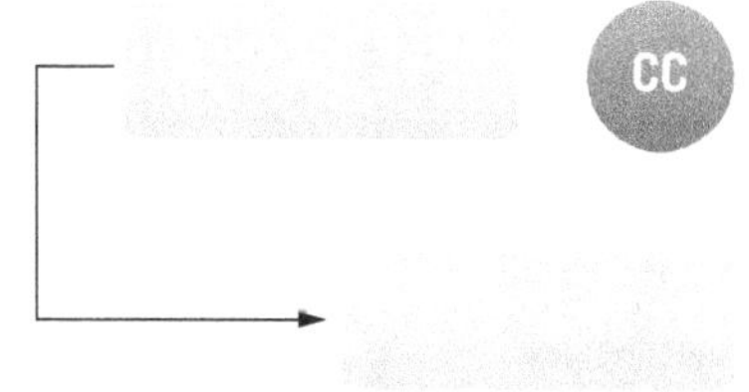

FIGURA 5. Relación comienzo-comienzo

Ejemplos: escribir un texto y verificar la ortografía; hacer las canaletas y colocar las tuberías embutidas.

- *Fin-fin*: una actividad debe haber finalizado para que la relacionada pueda finalizar. Las podemos ir haciendo juntas, pero la terminación de una depende del fin de la otra.

FIGURA 6. Relación fin-fin

Ejemplo: colocar cableado e inspeccionar instalación eléctrica (no se puede terminar de inspeccionar hasta tanto no haya acabado la tarea de instalación).

Esta clase de dependencias surge del tipo de trabajos que estamos secuenciando. Hay actividades que pueden hacerse en una secuencia dada, y no de otra manera, como levantar la pared, revocar y pintar; es imposible cambiar el orden, no podemos pintar antes de revocar, y para ser más preciso, luego de revocar debo esperar un tiempo de secado para iniciar la tarea de pintura. Estas dependencias son "mandatorias", no las podemos hacer de otra forma, la secuencia viene dada.

Otro tipo de relaciones son externas al proyecto que estamos planeando. Por ejemplo, a cierta actividad de nuestro proyecto no la podremos iniciar hasta que termine una tarea de otro proyecto.

Las dependencias o relaciones discrecionales son las que son opcionales o preferentes. Son las establecidas por uso y costumbres, por algún estándar; puede modificarse la secuencia de ejecución.

En la construcción de la red debemos tener en cuenta otros conceptos, que son el de adelanto y el de retraso (*leads and lags*). Son técnicas que modifican las relaciones comentadas recientemente.

El adelanto (o superposición, o *lead*) se produce en actividades que tienen relación fin-inicio, por ejemplo, lijar y luego pintar una habitación. Lo normal sería respetar esta secuencia. Como estamos apurados, aplicamos un adelanto a la tarea de pintar. Cuando terminamos de lijar una parte de la habitación, iniciamos la pintura en el sector ya lijado, mientras continuamos lijando el resto, haciendo las dos actividades en paralelo. Terminamos de lijar, y completamos la pintura. La habitación estará lista antes de lo previsto. En este caso, probablemente, estamos afectando la calidad, pero adelantamos el tiempo de terminación.

El retraso (o *lag*) se da en actividades que tienen relación fin-inicio, por ejemplo, comprar un suministro y recibirlo. Frecuentemente, desde que realizamos la actividad de compra hasta que recibimos nuestra adquisición, debemos esperar un tiempo de entrega. Ese tiempo es un retraso, no consume recursos, solo transcurre. Debemos esperar para ejecutar la actividad de recibir. Otro ejemplo de retraso es llenar de hormigón un encofrado y hacer la construcción encima: debemos esperar que el hormigón fragüe antes de iniciar la siguiente tarea de construir encima.

Entonces, en función de las actividades y las relaciones que tienen entre ellas se construye la red del proyecto. Un método común es el llamado "diagrama de precedencia" (ver figura en página siguiente).

Cada uno de los nodos representa las actividades, y las flechas simbolizan las relaciones de dependencia. En la red graficada todas las relaciones son fin-comienzo.

Señalo el comienzo del proyecto y el fin. Cada uno de los elementos de esta red son las actividades a realizar que han surgido del mayor desglose de la WBS.

Conocemos ahora el ordenamiento de ejecución de los trabajos del proyecto. Sabemos qué trabajos se deben hacer de manera secuencial; cuáles deben hacerse en paralelo o simultáneamente, y qué actividades están condicionadas por otras.

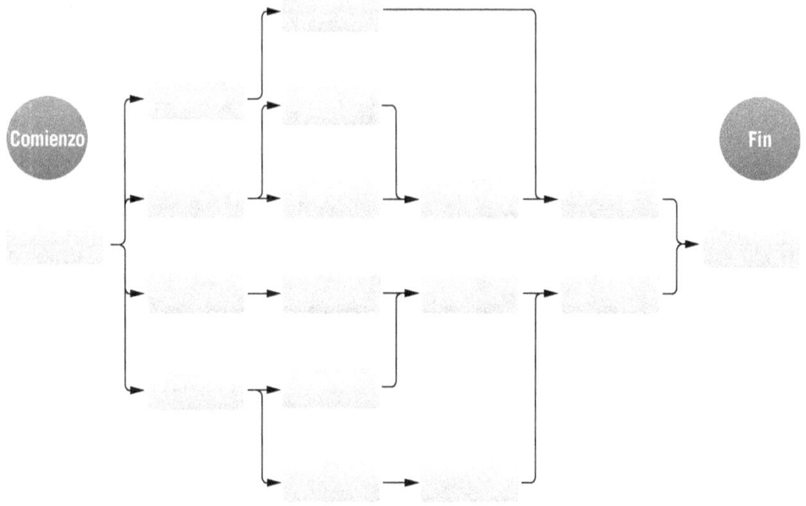

FIGURA 7. Diagrama de precedencias

Tenemos, entonces, los elementos necesarios para poder estimar: conocemos todas las actividades a realizar y sus relaciones.

Estimaciones

Con los elementos disponibles confeccionados como comentamos en los apartados anteriores, podemos iniciar el proceso de estimación de los recursos necesarios para cada una de las actividades, de la duración, de los costos, del dinero requerido.

Entendamos como recursos todo lo necesario para completar una actividad. Me refiero a las personas que se asignarán a realizar los trabajos, los equipos que son necesarios, los suministros, la materia prima, los instrumentos, la energía eléctrica, los viáticos, etc.

Con estas estimaciones realizadas sobre las actividades de la red confeccionada podremos hacer el Cronograma del Proyecto, como veremos más adelante.

Me quiero detener aquí, para comentar diversas características respecto a la estimación en general, y a las estimaciones de recursos, de tiempo, de costos, etc.

• *Una estimación es la mejor predicción posible basada en información disponible.*
  Predecir significa pronosticar lo que va a suceder. Estimar es predecir por indicios, y los indicios se generan por la información disponible. La información es propia del proyecto, viene de nuestra experiencia, la obtenemos por analogía con otros proyectos, preguntando a expertos.

• *Una estimación está acompañada con un porcentaje de error.*
  La estimación aplica a algo que ocurrirá en el futuro, por eso hay cierta falta de certeza. Además, las restricciones propias del proyecto siempre generan un porcentaje de incertidumbre. Y todo lo que está en el futuro es incierto.

• *Una estimación sin información es una adivinanza.*
  Si no dispongo de información, o no la puedo obtener, o no tengo experiencia previa, la estimación es a ciegas, es una adivinanza.

• *Una estimación no es un objetivo a cumplir.*
  La estimación surge de un proceso de predecir teniendo información disponible. Un objetivo surge de las necesidades que queremos satisfacer.
  Una fecha límite impuesta para terminar un conjunto de tareas es un objetivo a cumplir, una meta a alcanzar. La fecha de terminación estimada surgirá del análisis de las tareas a hacer, su complejidad, la

disponibilidad de recursos necesarios. En función de la estimación realizada tendremos la confianza de lograr cumplir el objetivo, o deberemos reforzar los recursos, trabajar fuera de horario, u otra acción, para poder cumplirlo.

- *La estimación determina curso de acción.*
  Como comenté en el párrafo anterior, en función de la estimación decidimos cómo seguir adelante, qué acciones tomar. Si estimamos que la conclusión de las tareas se realizará en la fecha impuesta, viene el compromiso de cumplir el objetivo; por el contrario, si se estima que es imposible lograr la terminación de las tareas en la fecha impuesta, deberemos negociar una nueva, por ejemplo.
  Según lo que estimamos será como enfrentemos el futuro. Si creemos que tendremos problemas, nos prepararemos para ellos. Si, en cambio, pensamos que podremos realizar el trabajo sin inconvenientes, no generaremos actividades adicionales que minimicen esos inconvenientes.

- *Cada estimación está vinculada a supuestos o suposiciones.*
  Los supuestos deben documentarse; condicionan la estimación. Ejemplos: se estima que la construcción de una determinada estructura demorará veinte días, porque suponemos que la cantidad de lluvia no excederá los dos días; en ese lapso se estima finalizar la programación del sistema informático en la fecha prevista si se cumple el supuesto de que el usuario final realice las pruebas en tres días.

- *Estimar lleva tiempo.*
  Es frecuente realizar estimaciones, y nos comprometemos consecuentemente, sin haber tenido el tiempo

suficiente para comprender qué tipo de trabajo es, qué complejidad tiene, cuáles son los requerimientos, qué ocurrió en tareas análogas anteriores.

Si no tenemos tiempo, adivinamos. De manera frecuente nos comprometemos haciendo una estimación rápida, y la realidad luego no nos permite cumplir el compromiso, pues olvidamos tener en cuenta muchas otras variables, no tuvimos tiempo, y al momento de la ejecución aparece todo lo que no tuvimos en consideración y no incluimos en la estimación.

Cuando debamos estimar necesitaremos disponer del tiempo para buscar la información necesaria, para realizar las consultas con gente que tiene experiencia, para hacer cálculos y para comprender claramente qué estamos estimando. Esto lleva tiempo.

Recordemos cómo llegamos aquí en el proceso de confeccionar un plan. Recopilamos y comprendimos los requerimientos, establecimos los entregables y factores de éxito, confeccionamos la WBS con todas las actividades a realizar y las secuenciamos. Luego de todo ello, sí estamos en condiciones de estimar los recursos, tiempo, costos y demás.

Algunos pueden estar pensando: "Muchas veces debo estimar sin haber tenido toda esa información disponible". Mi respuesta es simple: muchas veces estimamos mal; luego no cumplimos.

Este libro trata, y eso quiero reforzar, de proyectos exitosos, "cumplibles". No de proyectos que enunciamos, en los que nos comprometemos y luego no cumplimos o abandonamos. Si es necesario, recomiendo volver a leer la Introducción.

Es un ejercicio individual, reflexionar o recordar: ¿cuántas estimaciones se hacen sin tener la información necesaria? ¿Cuántas sin tener el tiempo para analizar todo? ¿Cuántas veces se incumplen compromisos pues no se estimó acabadamente el esfuerzo que insumía llevarlo a cabo?

Podemos aplicar la técnica de estimación más sofisticada en un proyecto, pero si hemos omitido identificar actividades, no estarán en la red, no estimaremos los recursos necesarios, ni el costo, ni la duración, simplemente serán actividades que no están incluidas en esa sofisticada técnica de estimación. En la ejecución real serán actividades que hay que realizar y no hay recursos asignados, ni tiempo, ni costo.

No estoy desmereciendo el uso de elaboradas y estudiadas técnicas de estimación, solo quiero destacar que es fundamental incorporar todas las tareas en la estimación; es la base.

Otro concepto: la exactitud de la estimación. Depende del momento en el cual se realice. Quiero decir que si estimamos recursos, duración, etc., cuando tenemos una WBS global, no detallada, o cuando no conocemos bien los requerimientos del proyecto, o cuando no hemos tenido tiempo de desarrollar todos los pasos que aquí estamos conversando, cuando el Plan del Proyecto es incompleto o muy global, la estimación que hagamos será grosera, inexacta, el error será más grande.

En cambio, si realizamos la estimación luego de haber analizado en detalle los requerimientos, definido los entregables, establecido los factores de éxito, identificado todas las tareas que es necesario realizar, entonces será más exacta, con menor error.

En otras palabras, si la estimación la hacemos con información abundante, la exactitud será mayor que aquella que hagamos con poca información acerca del proyecto.

En el ambiente de las organizaciones, y en la vida misma, las estimaciones son realizadas frecuentemente con poca información. No pretendamos exactitud en ese caso.

Cuando estamos evaluando si conviene encarar un proyecto, debemos estimar costos, duración, recursos, etc., en forma preliminar. Esta es una estimación realizada con una WBS con solo niveles superiores, es decir, sin mayor detalle. Con esa información se podrá decidir avanzar con un plan detallado del proyecto y, al ejecutar los pasos que estamos comentando en detalle, se realizará otra estimación, con más información, con mayor conocimiento del proyecto, en fin, más exacto. En esta instancia se ratifica la decisión de seguir adelante con el proyecto o no iniciarlo hasta mejor oportunidad.

¿Qué estimamos en un proyecto? Los recursos necesarios, la duración, el costo, el margen, el uso de equipos, los materiales, los ingresos, la infraestructura, los viáticos, entre otros.

Conversemos de recursos y duración.

Como primer paso para cada actividad, debemos conocer de qué se trata, la cantidad de obra a realizar; por ejemplo, construir un cerco de 20 metros lineales.

Luego estimamos el esfuerzo requerido para construir ese cerco, según la productividad del recurso a asignar; por ejemplo, una persona construye 2 metros lineales cada día.

Entonces surge que la duración estimada es de 10 días con esa persona. Esto es la cantidad de días laborables necesaria para construir el cerco. Si los días laborables son 5 cada 7, entonces la duración en días continuos es 14 días, es decir, 2 semanas; y el tiempo de trabajo es 10 días. Estamos aquí enunciando la diferencia entre tiempo de trabajo y tiempo transcurrido o duración.

Aquí aparece otro tema a tener en cuenta: el calendario de trabajo, es decir, cuáles son los días laborables y cuáles los no laborables del proyecto en general, y de cada tipo de recurso.

Otro ejemplo, pintar una habitación de nuestra casa soñada.

Tiempo de trabajo: un pintor estima realizar la pintura total en 16 horas, 2 días.

Horas de esfuerzo: el pintor señala que hará el trabajo él solo, es decir, las horas de esfuerzo son 16 horas. Si él trae otro pintor con la misma productividad, las horas de esfuerzo o trabajo continúan siendo 16 horas, pero la duración será de 1 día.

Duración, tiempo transcurrido, lapso de tiempo: suponiendo que el secado de la pintura se produce durante la noche (no consume tiempo hábil o laboral), el lapso de tiempo de la actividad de pintura es 2 días si trabaja solo, y de 1 día si lo hacen los dos.

Debemos tener en cuenta la productividad del recurso a asignar en la actividad, es decir, cuantas unidades de obra realiza por unidad de tiempo.

También debemos considerar el tiempo de asignación: el recurso puede estar asignado a la actividad el horario completo, o medio tiempo, o una fracción distinta.

La estimación de costos tiene como objetivo la determinación de la cantidad de recursos monetarios requeridos para completar las actividades previstas en el proyecto. Los costos de las actividades surgen a partir de los recursos asignados a las mismas, por lo que podremos distinguir los siguientes, entre otros:

- Mano de obra clasificada según el tipo y categoría del personal involucrado en cada actividad.

- Materiales e insumos que son necesarios para hacer el trabajo.

- Alquiler o compra de equipos e instalaciones.

- Contratación de servicios de terceros: entre los cuales se incluyen honorarios de asesores y consultores, cursos de capacitación, fletes, seguros y servicios varios como, por ejemplo, comunicaciones, refrigerios, hospedaje, viáticos, etc.

* Tasas e impuestos.

Algunos de estos costos están directamente relacionados con la duración de la actividad, como por ejemplo la mano de obra, el alquiler de un equipo, el servicio de consultoría. Otros costos son independientes de la duración de las actividades, como los materiales e insumos, los servicios de terceros con contrato a precio fijo preestablecido.

Para cada uno de los tipos de recursos a asignar debe conocerse o estimarse su costo unitario, ya sea que se disponga de la información cierta o se deba estimar.

Las estimaciones de recursos, de tiempo y de costos están fuertemente vinculadas entre sí. Si cambiamos el recurso o su cantidad, seguramente se modificarán el tiempo y/o el costo.

Existen diversas técnicas de estimación generales y particulares por profesión. Solo por mencionar algunas: simulación con el método de Montecarlo, estimación por tres valores, puntos de función, puntos de caso de uso, técnica Delphi, entre otras.

Aquí quiero mencionar dos conceptuales: *top-down* y *bottom-up.* Imaginemos una WBS del proyecto con sus actividades.

La *estimación top-down o descendente* consiste en tomar una rama de la WBS, o la WBS entera, y estimar globalmente, por ejemplo, el tiempo que llevará ejecutarla, o el costo que demandará. Es decir, se hace una estimación por analogía, sobre la base de información previa, tomando como base de la estimación el conocimiento y experiencia de haber hecho algo similar.

La *estimación bottom-up o ascendente* consiste en tomar cada una de las actividades o elementos inferiores de la wbs y estimar los recursos, los tiempos, los costos, etc. de cada uno de ellos, y luego ir totalizando hacia arriba. Esta es la estimación que lleva más tiempo hacer, es la más costosa, pero la más exacta. Una condición necesaria es disponer de una wbs detallada.

Antes de finalizar con este tema, algo relevante que quiero mencionar es la utilidad e importancia de hacer un registro de las bases de cada estimación. Siempre estimamos sobre la base de información; registremos esa información, cuál es el razonamiento, la fuente, el algoritmo o los cálculos que utilizamos para realizar la estimación. Este "por qué" de la estimación nos servirá cuando analicemos los desvíos en el proyecto, si ocurren. Este registro de las bases de la estimación nos servirá para ir aprendiendo a estimar, para mejorar la estimación la próxima vez.

Para concluir, una buena estimación surge de un proceso ordenado y completo de dilucidar qué proyecto es el que tenemos en mano, cuáles son los trabajos a realizar, cuáles son los supuestos, y como dijimos, de disponer de tiempo para buscar la información y estimar.

Si no, estamos adivinando.

Recursos humanos y organización

En el paso anterior se han estimado, además de los materiales, los recursos humanos, las personas, que cada una con su especialidad y rol deberán realizar actividades del proyecto.

Este conjunto de personas estarán trabajando juntas de tiempo en tiempo según el cronograma del proyecto, parte de ellas en locaciones distintas, por un período, sin conocerse previamente, y muchas otras formas de relacionamiento.

El objeto de este paso en la elaboración del Plan del Proyecto es establecer la organización de las personas que ejecutarán las actividades. Cada una debería tener un rol bien definido, tener claro qué se espera de ella, qué tarea tiene asignada, cuáles son los factores de éxito a lograr, y sus interrelaciones.

Nada es menos motivador que no saber qué se espera de nosotros, si nuestro trabajo será necesario y útil, o si estamos perdidos en la maraña de reuniones, apuros y ansiedades.

Desde el punto de vista del planeamiento del proyecto, aquí debemos establecer la organización del proyecto, es decir, los distintos roles y responsabilidades, las relaciones de reporte o dependencia, y la asignación clara de tareas.

Tenemos que tener en cuenta que la gente que estará trabajando en el proyecto no siempre estará continuamente junta, sino que pertenecen a sectores o departamentos distintos en la organización. También, para el proyecto pueden ser incorporadas personas externas a la organización. En pocas palabras, el trabajo va a ser hecho por personas que pueden tener intereses diversos, pues solo participarán y pertenecerán temporalmente al equipo del proyecto.

Si una persona trabaja, por ejemplo, en el Departamento de Ingeniería permanentemente y es asignado a cumplir funciones en el proyecto mientras dure la necesidad de su trabajo según el cronograma del proyecto, su interés principal estará ligado a su departamento. Más se acrecienta esto si su asignación al proyecto es por un corto lapso. Empezamos a vislumbrar los problemas de motivación y conducción que un Gerente de Proyecto tiene. Por definición, un proyecto dura un tiempo limitado, no es permanente. El personal trabajará temporalmente en él.

CONFIRMAR CAMBIOS HECHOS EN LO RESALTADO EN ROJO

El proyecto es como un tren, en cada estación sube
y baja gente, solo algunos hacen el viaje completo.

La tarea fundamental de la persona que conduce el proyecto es lograr que toda la gente esté comprometida con su trabajo y contribuya a lograr los factores de éxito del proyecto entero.

Una de las "obligaciones", una de las fundamentales responsabilidades de la persona que conduce, es que la gente haga el trabajo establecido. El asunto del Gerente de Proyecto es que las personas hagan las cosas, incluso aquellos individuos que normalmente no dependen de él, sobre los cuales debe tener autoridad, al menos limitada.

Este tema tiene importancia mayúscula; hablaremos de ello en la Parte III de este libro, cuando nos refiramos al rol del Gerente de Proyecto.

Aquí veremos seguidamente, todo lo que deberíamos tener resuelto en el Plan del Proyecto, para que cuando se deba ejecutar tengamos claro qué deberá hacer cada persona, qué tipo de habilidades necesitamos, cuándo las necesitamos, cómo se consegirá la gente. Veamos. Son cosas concretas.

Organigrama del proyecto

Diagrama de la organización del proyecto (*Project Organization Chart* - POC), en el cual se definen los roles, las relaciones de jerarquía o líneas de autoridad, quién reporta a quién.

En este gráfico, debemos incluir todos los roles que intervendrán en el proyecto, ya sea personal de la organización, de los proveedores, del cliente, o los actores que tendrán un rol definido y responsabilidades asignadas.

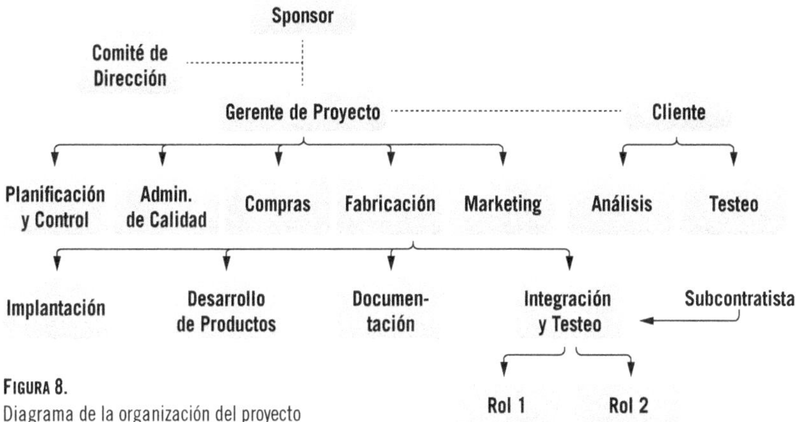

FIGURA 8.
Diagrama de la organización del proyecto

Una forma común es el diagrama de árbol invertido. El gráfico de arriba es un ejemplo de organigrama, de un proyecto para diseñar e implantar un programa de educación. Se muestran roles del equipo del proyecto, incluyendo roles del cliente, del subcontratista, y de actores de dirección.

Matriz de asignación de responsabilidades

Conocida por la siglas en inglés RAM (*Responsibility Assignment Matrix*), es una matriz en la cual se *cruzan* el organigrama de roles y la WBS y actividades, para tener claro quién es responsable de qué. En esta matriz los distintos roles del organigrama y las actividades son los ejes. Cada intersección identifica qué rol tendrá responsabilidad de cada elemento inferior de la WBS (paquete de trabajo o actividad-tarea).

En cada intersección se puede indicar el tipo de participación: responsable de hacer la tarea, responsable de aprobar esa actividad.

Actividad Rol	Análisis de Necesidad	Diseño de Producto	Construcción	Calidad	Difusión	Evaluación	Gestión de Proyecto
Gerente de Proyecto							A
Planificador y Control							R
Especialista Calidad				R			
Compras			P				
Ingeniero Desarrollo	P	R	R	P		P	
Especialista Marketing	P				R	P	
Implantador			P			P	
Documentador	P	P		P	P	P	
Testeador 1						R	
Testeador 2						P	
Cliente	P	P				A	

R: Responsable de hacer la actividad   **P:** Participa en la actividad   **A:** Aprueba la actividad

FIGURA 9. Matriz de asignación de responsabilidades

Es decir, en el Plan de Proyecto debemos incluir bien claro quién realizará qué actividad y sus relaciones de reporte.

Estructura de desglose de la organización (Organizational Breakdown Structure - OBS)

En este diagrama se representan los paquetes de trabajo (*work packages*) del proyecto que cada área o departamento de la organización tiene asignado.

Este gráfico es muy útil cuando el proyecto es ejecutado, es decir, las actividades planeadas son ejecutadas, por cada sector o departamento de la organización; el equipo de proyecto es el personal asignado de cada uno de los departamentos. La responsabilidad de completar las tareas reside en cada uno de los departamentos.

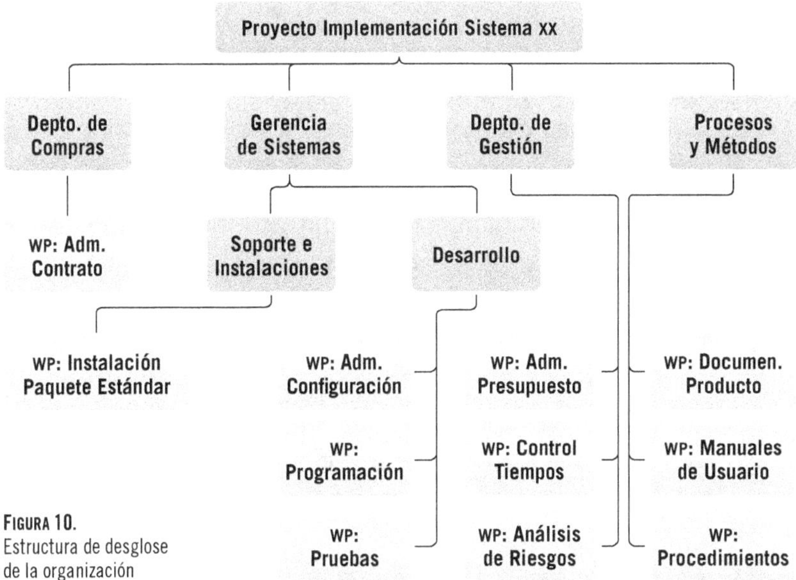

FIGURA 10.
Estructura de desglose
de la organización

Estos diagramas se completan con otros elementos o detalles muy útiles en el aspecto de planear cómo se administrarán los recursos humanos en el proyecto. Siempre aplicando el sentido común, dependiendo de la envergadura del proyecto, la complejidad, la cantidad de roles y gente que intervendrá. La documentación puede definir:

- Autoridad de cada rol, el derecho de asignar recursos, tomar decisiones, aprobaciones.

- Habilidad y capacidad requerida de cada rol para realizar las actividades.

- Establecer cómo y cuándo se incorporan los miembros del equipo y cuándo serán reubicados. Esto se deberá completar cuando se confeccione el cronograma, que comentaremos un poco más adelante.

- Proceso de obtención y asignación: cómo se obtienen las personas, locación, costos, responsabilidades del Departamento de RRHH, todo en función de las políticas de la organización donde se ejecuta el proyecto.

- Plan de capacitación y entrenamiento, si es necesario desarrollar las capacidades del personal a asignar.

- Sistema de reconocimientos.

- Estrategias para cumplir con regulaciones gubernamentales, gremiales y otras políticas de personal.

- Políticas y procedimientos de seguridad.

Tengamos en cuenta que las complejidades de las interrelaciones de las personas en el proyecto se incrementan en función de la cantidad de personas, de sus diversos intereses, de sus distintos objetivos, de los factores de éxito del proyecto, de los actores, entre otros.

Personas que pertenecen a distintos departamentos, e incluso a diferentes organizaciones, mantienen relaciones formales e informales, complejas o simples; deben tomar decisiones, hacer aprobaciones, coordinar acciones entre ellas.

Las relaciones entre diferentes disciplinas o profesiones, con opiniones y prioridades diferentes, generan conflictos.

Cuanto más claro tengamos quién se hará cargo de qué cosa, cuáles son los objetivos de cada uno, cómo se manejan las aprobaciones, quién genera las autorizaciones, y todo lo que hemos comentado en este capítulo, será menor el esfuerzo para el manejo de todas esas interrelaciones, y estaremos más cerca de constituir un equipo de proyecto sólido y colaborador.

Es tarea del Gerente de Proyecto, del líder.

Como lo declaró Peter Drucker[10]: "La necesidad es que la gerencia llegue a dominar el tipo de relaciones en las que existe poca autoridad y aún menos control".

Riesgos

En esta conversación que estamos manteniendo con respecto a realizar el Plan del Proyecto, vamos a dilucidar aquí cómo podríamos prepararnos para hacer frente a las cosas que nos pueden perjudicar, perturbar, en ese camino, en ese emprendimiento para alcanzar los resultados del proyecto.

Me refiero a los imprevistos, a los riesgos que pueden suceder y afectarían de alguna manera todo aquello que fue planeado. Esto es la administración de riesgos.

Definamos qué es un riesgo.

Es un evento incierto, que si ocurre, afectará de alguna manera el proyecto. Es incierto ya que no hay seguridad de que ocurra. Está en el futuro.

Recordemos que estamos elaborando el Plan del Proyecto, es decir, enunciando qué vamos a hacer, quién lo hará y cómo, cuándo lo haremos y cuánto nos costará. Estamos confeccionando ese documento, el Plan de Administración del Proyecto.

Los riesgos, dijimos, siempre están en el futuro. Pueden ocurrir o no. No tenemos control sobre ellos. Sí, no tenga dudas, no podemos controlarlos. Podemos influir en su probabilidad de ocurrencia, podemos ejecutar acciones para afectar esa probabilidad de que ocurran. También, podríamos hacer algo para influir en el impacto que nos producirá si el riesgo ocurre.

---

10. Drucker, Peter: La gerencia, El Ateneo, Buenos Aires, 1992.

Una aclaración. El impacto que nos puede producir la ocurrencia de un riesgo puede ser negativo o positivo. Normalmente nos referimos a los riesgos como algo negativo, que si ocurren nos perjudican son los riesgos negativos llamados "amenazas". En los proyectos también hay riesgos con impacto positivo, se los denomina "oportunidades". Al final de este capítulo nos detendremos en los riesgos con impacto positivo, ahora seguiremos considerando las amenazas, los riesgos cuyo impacto sería negativo.

Me explico con algunos ejemplos de *riesgos negativos*.

En nuestro proyecto de edificar la casa soñada, supongamos que el constructor, cuando estimó un cronograma de obra, consideró un determinado período de trabajo con una cantidad de lluvia según los datos históricos de la época y la zona –es todo un profesional–. Un riesgo posible es que las precipitaciones sean mayores a las previstas, que duren más tiempo del estimado. Entonces, si llueve más, no se avanzará como estaba previsto y el cronograma de obra se atrasará. El impacto que ese riesgo nos producirá en el proyecto es el atraso de la fecha de finalización. Nuestra ansiedad crecerá y la fiesta de inauguración deberá ser postergada.

Una forma de disminuir ese posible atraso, ese impacto negativo, es construir una cubierta tipo carpa para que se pueda continuar trabajando los días de lluvia y lograr que el atraso no sea tan grande. Claro, esto es más caro.

Otro riesgo posible es que el pintor que contratemos se retrase con la ejecución de su trabajo. Una manera de influir en la probabilidad de que ese riesgo no ocurra, es establecer un incentivo monetario si se cumplen los tiempos establecidos. Podemos imaginar que si hay un incentivo, el pintor intentará cumplir. La probabilidad de que se atrase es menor.

Bien, luego de esta introducción, les cuento las prácticas habituales y comprobadas que han dado resultado en distintas disciplinas y proyectos, respecto a cómo administrar los riesgos en proyectos. Incluye los procesos de:

- Identificación de riesgos.

- Evaluación de los riesgos identificados.

- Selección de aquellos riesgos de los que nos ocuparemos.

- Determinación del enfoque y acciones de respuesta.

Dirigir proyectos sin ocuparse
de los riesgos es dirigir la nada.

Los riesgos existen; debemos estar preparados y no "inventar" qué hacer cuando nos encontramos con el problema entre manos, corriendo de un lado para otro tratando de ver qué hacer, en momentos que la ansiedad está al máximo, y el problema se agrava a cada instante.

Un riesgo no es un problema, problema es
si el riesgo se concretó y no estamos preparados.

Tomemos conciencia de que no nos gusta hablar de riesgos, de problemas que vayan a ocurrir. Tenemos tendencia a minimizar el tiempo que le dedicamos a prever acciones para disminuir los riesgos negativos que se pueden concretar. Quizás por la creencia de que no hablar de ellos es "alejar los problemas", o no atraerlos.

En la conducción de proyectos exitosos, es decir, aquellos que alcanzan sus resultados y objetivos, sin dudar, debemos dedicarnos a atender el tema de riesgos desde el planeamiento, y permanentemente durante la ejecución del proyecto.

Le pido que relea la última frase en negrita de la página anterior. El problema es si el riesgo se concretó y debemos resolver el daño que nos está haciendo, y más aún si no estamos preparados. No es problema prepararse por si sucede.

Espero que esté de acuerdo. En proyectos debemos prever qué hacer con los riesgos. Debemos administrarlos.

Veamos cómo hacerlo en cada uno de los procesos mencionados.

Identificación de los riesgos

Bien temprano, en el planeamiento debemos reflexionar sobre cuáles son los riesgos que pueden afectar de alguna manera al proyecto; ser conscientes de ellos, identificarlos. Estamos planeando, es decir, escribiendo un conjunto de documentos que nos servirá de guía para administrar el proyecto.

La identificación de riesgos se realiza analizando cada uno de los aspectos que hemos estado viendo en los capítulos anteriores.

Podemos identificarlos cuando analizamos los requerimientos. Allí quizás encontremos requerimientos que no sepamos cómo resolver, ambiguos, que no podemos dilucidar o mejorar, porque no tenemos con quién hablar sobre ellos; conocemos a los actores que definen los requerimientos y sabemos que los cambiarán con mucha frecuencia; todos estos son ejemplos de riesgos.

También podemos identificar riesgos observando la WBS confeccionada. Por ejemplo: entendemos que una rama no está muy detallada y la estimación realizada de recursos necesarios es muy grosera o global, no es exacta; una actividad definida es realmente de compleja ejecución, pues requiere el uso de tecnología no conocida; todos son ejemplos de riesgos.

En determinadas estimaciones realizadas sobre la cantidad de recursos necesarios también podemos identificar los riesgos, si por ejemplo la ingeniera experta no estaba disponible y la estimación la hizo otra persona sin la experiencia suficiente.

Podemos identificar los riesgos que nos produce la organización por sus políticas, por sus procedimientos, por su cultura, por sus usos y costumbres. Por ejemplo: sabemos que muy rara vez tendremos a la persona experta disponible cuando se la necesite, a pesar de que está planeada y aprobada su asignación; las autorizaciones de compras se demoran más de lo aconsejable para la velocidad de ejecución requerida; el proyecto no es muy relevante en la organización y el apoyo de determinados actores no se dará con la intensidad necesaria, etc. Estos también son ejemplos de riesgos identificados.

Cada una de las partes del plan tiene riesgos identificables, en los requerimientos, en el análisis de los actores, en la definición de los entregables, en los factores de éxito establecidos, en las estimaciones de recursos y en las de duración, en el contexto externo, en los cambios económicos o legales, y así puedo seguir. Los riesgos están en todas partes. No debemos olvidar que el proyecto se ejecutará en el futuro, y en el futuro hay muy poco de certeza.

¿Cómo identificar riesgos? La respuesta, y lo que sin duda da resultado, es hacer participar a todas las personas que tienen algo que ver con la elaboración del plan. Cada uno, en cada aspecto, debería identificar riesgos que puedan ocurrir. Me gusta decir: sin timidez, sin limitaciones.

Esta identificación se puede hacer individualmente, y es bueno completarla con una reunión bien ordenada y con la participación de todos los que tienen algo que decir con respecto al plan, y usando la técnica llamada "tormenta de ideas" (*brainstorming*), completar la identificación. No limitar a nadie. Tener en cuenta que un riesgo expresado por una persona, inspira a otra a identificar otro riesgo.

El proceso de identificar riesgos es simple. Solo debemos hacerlo sin limitaciones. En cualquier proyecto, al identificar los riesgos con libertad, sin duda se confeccionará una larga lista de posibles. Mejor. Enhorabuena. Disponer de un extenso listado de riesgos nos abre la mente con respecto a los eventuales problemas. Nos permite empezar a imaginar y prever su solución.

A medida que los identificamos los registramos en el Registro de Riesgos, para luego ir completándolo con otra información que veremos enseguida.

Disponer del conocimiento de todos los riesgos no debería limitarnos. Si eso ocurre debemos volver o apelar a la inspiración inicial que teníamos cuando ideamos el proyecto. Esa lista de riesgos nos ayuda a darnos cuenta de qué proyecto tenemos entre manos, cuáles son los riesgos que nos pueden perjudicar, cómo prepararnos para hacerles frente. Recordemos que estamos hablando de lograr proyectos exitosos, es decir, que podamos completarlos, y con éxito.

Si los riesgos identificados son demasiados y nuestra opinión o estimación es que son imposibles de administrar, el proyecto no es para nosotros, dediquemos el tiempo a otra cosa.

¿Cómo evaluar si esto es así? ¿Cómo podemos saber si los riesgos son graves, o quizás no lo sean tanto, y sí podemos manejarlos? Veamos.

Evaluación de riesgos identificados

Una vez que tenemos identificados los riesgos que podrían ocurrir, debemos analizarlos y evaluar qué impacto tendrían o generarían en el proyecto, si efectivamente suceden.

CONFIRMAR QUE SEA CORRECTO

Esto se hace considerando para cada riesgo su probabilidad de ocurrencia y su posible impacto. En términos matemáticos, es el producto de la probabilidad por el valor del impacto. A este producto se le denomina "exposición".

Exposición del riesgo = % probabilidad × *valor del impacto*

Probabilidad de ocurrencia

La *probabilidad de ocurrencia* del riesgo es una estimación. Como ya dijimos, la estimación se debe realizar en función de la información disponible; si no la tenemos, debemos buscarla, preguntarle a alguien de que sepa, investigar, analizar.

Los meteorólogos estiman la probabilidad de los eventos climáticos en función de la información de que disponen o que surge del análisis de los eventos climáticos y su historia.

Si estamos considerando la probabilidad de que un proveedor se demore en su entrega, debemos analizar la información disponible al respecto; por ejemplo, historia de cumplimientos realizados en provisiones anteriores, complejidad de esta provisión, idoneidad y capacidad para realizar la provisión, capacidad de obra actual.

Y si consideramos la probabilidad de que durante la ejecución del proyecto los fondos necesarios no estén disponibles, debemos considerar nuevamente la información con la que contamos; por ejemplo, historia o cultura de la organización para la asignación de fondos a los proyectos: siempre llegan tarde, o nunca hay demoras en la asignación, o muy pocas veces se producen dificultades con los fondos. Podemos considerar el grado de interés en el proyecto del patrocinador. Analizar la celeridad, o las demoras o dificultades en las autorizaciones. Con ello, deberemos estimar un porcentaje de probabilidad de que el riesgo se concrete.

Impacto

El *impacto* es el valor de lo que nos cuesta volver a dejar las cosas como estaban antes de la ocurrencia del riesgo. Por ejemplo, si lo que estamos evaluando es un incendio, el impacto será lo que nos cuesta apagarlo y reponer lo que se ha quemado. Es un valor monetario.

Para calcular el *impacto* debemos analizar qué entregables o qué actividades del proyecto son afectados si el riesgo ocurre. Así, podremos calcular los costos de las demoras, como ser el costo de mano de obra no productiva, el de materiales adicionales, el de eventuales multas, el de las tareas para resolver o subsanar el riesgo si ocurrió. En el caso de que un proveedor se demore en su entrega, debemos calcular los costos, que surgen de dicha demora, afectados a las actividades que no podemos terminar por la falta de entrega del proveedor.

Consideremos que el tiempo que estimamos para realizar una actividad crítica del proyecto no se cumpla, sino que tarde más de lo previsto. Y este riesgo lo identificamos en tiempo de planeamiento, pues la estimación que realizamos es hecha sobre la base de poca información disponible, no tenemos experiencia en ese tipo de actividad. La probabilidad la debemos estimar en función de lo que conocemos para asegurar el cumplimiento del tiempo estimado. El impacto de no cumplir el tiempo estimado surge del cálculo que debemos hacer, considerando una demora dada; sumamos todos los costos de mano de obra necesaria para completar la actividad, los que se produzcan por la demora según la secuencia de actividades siguientes, los de eventuales multas por dicha demora. En definitiva, debemos analizar la wbs, los entregables, la secuencia de actividades, la red del cronograma, las actividades impactadas por la ocurrencia del riesgo, y sumar todos los costos que se producirán si el riesgo se concreta. Así calculamos el impacto.

Exposición

La exposición del riesgo es la probabilidad de ocurrencia por el impacto calculado.

Esta información, la probabilidad de ocurrencia y el impacto, la volcamos en el Registro de Riesgos que iniciamos recién.

Entonces, para cada uno de los riesgos identificados estimamos la exposición que cada uno tiene, en función de su probabilidad de ocurrencia y su potencial impacto. Luego deberíamos ordenar esa lista de riesgos identificados y evaluados según su exposición, de mayor a menor. Así, tendremos la lista con los riesgos más graves primero, y los más leves hacia el final. La gravedad está expresada por la exposición que se calcula por el producto de probabilidad de ocurrencia por impacto (exposición = % probabilidad × valor del impacto).

Ahora debemos decidir qué riesgos administrar, y cuáles no.

Selección de los riesgos de los que nos ocuparemos

No podemos hacer frente a todos los riesgos identificados. Siempre tenemos limitaciones en los proyectos, ya sea por economía, por tiempo o por otras razones. Además, si tenemos una larga lista de riesgos, debemos seleccionar algunos para administrar y dejar otros. No podemos ocuparnos de todos.

Esta selección se hace según la exposición calculada. La cuestión es dónde cortar. Normalmente, en las organizaciones debemos tener un número que indica el corte;

deberemos planificar qué hacer con los riesgos cuya exposición sea mayor a ese número de corte, como veremos en el siguiente punto. Los riesgos cuya exposición sea menor a ese número de corte no los consideraremos, es decir, no preveremos hacer nada; y si ocurren, los estudiaremos en ese momento, no antes.

Recordemos que hacer frente a los riesgos cuesta dinero y lleva tiempo. Ese número de corte expresa cuáles pasan y cuáles no. El número de corte puede ser parte de una norma de la organización, puede ser por tipo de proyecto, o ser decidido por proyecto. Veamos el planeamiento de qué hacer, y completemos el concepto.

Planificación de la respuesta

Hablaremos ahora de la planificación del enfoque y de las acciones de respuesta para los riesgos seleccionados.

Consideremos primero todos los tipos de respuesta para los riesgos identificados y seleccionados: *evitar, mitigar, transferir, aceptar*. Luego, conversaremos sobre algunos detalles de estas respuestas.

Evitar significa hacer desaparecer el riesgo. Cambiamos parte del proyecto, el cronograma, la asignación de recursos, o lo que sea, para que el peligro desaparezca, para que no tenga posibilidad alguna de suceder. No es disminuir su probabilidad de ocurrencia, es eliminarlo, es borrar cualquier posibilidad de que se produzca.

Muchas personas evitan o eliminan el riesgo de que un ascensor se caiga mientras ellos estén dentro, de una manera muy fácil: no suben al ascensor, van por la escalera.

Mitigar o minimizar significa hacer algo para disminuir la probabilidad de ocurrencia de un riesgo y/o disminuir su potencial impacto. Mitigar es establecer actividades en la

WBS que sí o sí ejecutaremos antes de que el riesgo ocurra. Las acciones de mitigación están orientadas a disminuir la probabilidad de ocurrencia del riesgo y/o a disminuir el impacto si se concreta.

Recordemos el ejemplo de incluir un incentivo en el contrato con el pintor de nuestra casa soñada; ese hecho de premiarlo si cumple la fecha de terminación de su trabajo está orientado a mitigar o disminuir la probabilidad de que el riesgo ocurra, o sea, que el pintor se atrase. Tengamos en cuenta que son acciones para mitigar, para disminuir, para minimizar, no para eliminar el riesgo. El pintor se puede atrasar a pesar del incentivo prometido.

Otro ejemplo son las acciones de llevar un impermeable y un paraguas si escuchamos el pronóstico de que hay probabilidad de lluvia. Esta acción está orientada a mitigar o disminuir el impacto de mojarnos; si llueve nos mojamos menos.

Siempre las acciones de mitigación se incluyen en la WBS, en las actividades, en el cronograma, en el presupuesto, etc.; son acciones del proyecto que antes de iniciarlo decidimos hacer, están todas incluidas en el Plan del Proyecto y se ejecutan con normalidad como cualquier otra actividad, independientemente de la ocurrencia del riesgo.

Transferir significa entregarle la administración de un riesgo a quien lo pueda manejar mejor que nosotros. Ejemplo de esto es asegurar nuestro auto para cubrirnos ante un posible robo del mismo. Erogar nuevamente el costo del vehículo es oneroso, por ello contratamos un seguro. La aseguradora tiene un sistema que le permite afrontar el robo; nos paga el monto y nos permite comprarlo nuevamente, o, ya que estamos, agregamos algo de dinero y aprovechamos para cambiar el modelo. El riesgo del robo sigue existiendo y es independiente del seguro que tengamos. Otros ejemplos son las contrataciones de pólizas que garantizan o hacen frente a la ocurrencia de determinados riesgos. Nuevamente, no olvidemos que el riesgo sigue existiendo.

Aceptar significa diseñar y planear actividades que vamos a ejecutar solo si el riesgo ocurre; las tenemos planeadas, y en caso de que el riesgo se produzca, ya sabemos qué hacer, quiénes se encargarán, cuándo y cómo las harán, y cuánto costarán. A esto se lo denomina "definir y establecer un Plan de Contingencia". Este plan se ejecuta si el riesgo ocurre.

Veamos algunos detalles de estas respuestas para administrar riesgos.

Todas las acciones de mitigación y de transferencia las decidimos durante la etapa de planeamiento, es decir, están incluidas en la WBS, las actividades, la red, el cronograma, el presupuesto y demás.

Las acciones de mitigación que diseñemos disminuirán la probabilidad y/o el impacto del riesgo; su ejecución implica recursos, llevará tiempo y costará dinero. Debemos evaluar si el costo de este esfuerzo es menor que el de dejar que el riesgo ocurra. Es decir, si el costo de las acciones de mitigación no es menor al de "correr" el riesgo, no se justifica económicamente incluir esas acciones en el plan. Veamos un ejemplo.

Un determinado riesgo tiene una exposición de $ 15.000, que surgió de su probabilidad de ocurrencia estimada de 15% y su impacto calculado de $ 100.000.

Diseñamos acciones de mitigación cuyo costo es $ 20.000, y producen que la probabilidad de ocurrencia disminuya al 10%; entonces, la exposición estimada si ejecutamos esas acciones de mitigación es de $ 10.000 (10% de $ 100.000). Con la ejecución de las actividades de mitigación que cuestan $ 20.000, disminuimos la exposición del riesgo en $ 10.000; es claro que estaríamos gastando más dinero. No resulta procedente ejecutar esas acciones de mitigación, y por lo tanto, no las deberíamos incluir en el plan. Este cálculo de analizar costo y beneficio de las mitigaciones lo debemos hacer para cada acción de mitigación ideada.

Es decir, las acciones de mitigación de riesgos deben ser analizadas desde el punto de vista de la relación costo/beneficio. En el ejemplo, el costo es mayor que el beneficio que se obtendría. Si, en cambio, el costo de las acciones de mitigación es menor que la exposición resultante, convendría planearlas, y luego ejecutarlas.

A las acciones de contingencia también las decidimos en tiempo de planeamiento. La diferencia es que las incluimos en una especie de subcapítulo del plan, es decir, es el plan de contingencia, que se ejecutará si el riesgo se concreta. Tenemos definido qué actividades haremos, quiénes se encargarán, cómo se relacionarán entre ellos, cuándo las llevarán a cabo y cuánto dinero hay reservado para implementarlas. Si esas acciones están previamente definidas, no estaremos "ideando la pólvora" cuando tenemos que apagar el incendio.

La ejecución de las acciones de contingencia, como todas, cuesta dinero. Desde el punto de vista del presupuesto, lo que se hace es agregar al presupuesto de costos, no el costo directo de esas acciones, sino el ponderado por la probabilidad de ocurrencia; este valor se llama "valor monetario esperado" (VME). Veamos la tabla de la página siguiente.

En este ejemplo, el valor de $ 22.000 es el que agregamos al presupuesto para utilizarlo cuando tengamos que ejecutar las acciones de contingencia, si los riesgos ocurren; es el denominado "fondo de contingencia". Hemos estimado la probabilidad de ocurrencia; el valor esperado de gastar ese fondo de contingencia que surgió de sumar todos los impactos de riesgos ponderados por la probabilidad de

OJO: La metáfora es contradictoria e inadecuada

Riesgo	Impacto ($)	Probabilidad (%)	Exposición ($)
1. Proveedor A se atrasa 20 días	30.000	10 %	3.000
2. Atraso del 20% del tiempo de ejecución Actividad 4.7.13	20.000	20 %	4.000
3. Hallazgo de rocas más duras de lo previsto en las fundaciones	12.000	25 %	3.000
4. Demora en pagos genera atraso de 30 días en las obras	80.000	15 %	12.000
TOTAL	172.000		VME = 22.000

FIGURA 11. Registro de Riesgos (sintético)

ocurrencia. En esta tabla de ejemplo, si sucede el riesgo 1 o el 4, no alcanzará el fondo reservado, y tendremos mayores costos. Si ocurre el 2 o el 3, será suficiente el fondo reservado. Podemos hacer cualquier mezcla de ocurrencia; el concepto es que es un *valor esperado*. En teoría, no todos los riesgos suceden, se espera que surjan según su probabilidad. Para que esto tenga sentido debemos incluir en esta tabla, no solo cuatro riesgos, sino muchos más, los que hemos identificado, evaluado y seleccionado como riesgos a administrar.

En resumen, identificamos los riesgos, evaluamos sus probabilidades de ocurrencia, calculamos los impactos que producirán si se vuelven realidad, decidimos las acciones de respuesta, como ser evitar (cambiamos el proyecto para eliminar cualquier posibilidad de ocurrencia), mitigar (incluimos en el plan acciones orientadas a disminuir la probabilidad de ocurrencia y/o el impacto), transferir (entregamos la administración del riesgo a quien lo pueda manejar mejor que nosotros), aceptar (definimos el plan de contingencia), y corregimos, ajustamos o completamos la WBS, las actividades, y consecuentemente las estimaciones de recursos, duración y costos.

Veamos algo de los *riesgos positivos u oportunidades.*

En el futuro también ocurren cosas que nos pueden favorecer, que nos pueden ayudar a mejorar la ejecución del proyecto. Por ejemplo, para un equipamiento importado habíamos planeado un determinado impuesto, y por cambios en las regulaciones resulta que el costo total es menor; esto disminuye los valores presupuestados. Puede eventualmente ocurrir que la duración estimada para una fase del proyecto resulte mucho menor, pues se cambió la forma de hacer las cosas, o simplemente porque la estimación no estuvo bien hecha. En fin, en tiempo de ejecución pueden acontecer oportunidades o riesgos positivos, que si ocurren nos benefician, nos producen un impacto positivo.

Los procesos para la administración de los riesgos positivos son los mismos que hemos comentado. Debemos identificarlos, evaluarlos según su probabilidad de ocurrencia y el impacto positivo que nos producirá si suceden. Calculamos la exposición (% de probabilidad × valor del impacto), y ordenamos de mayor a menor según esa exposición. Los riesgos que tienen mayor exposición son los que debemos administrar, es decir, prever para ellos las acciones de respuesta. En el caso de los positivos, debemos intentar que ocurran, que se produzcan, pues nos beneficiarán.

Las acciones de respuesta para riesgos positivos son: *explotar, compartir, mejorar* y *aceptar.*

Explotar significa definir las acciones que aseguren que el riesgo se concrete. Es lo opuesto de evitar la ocurrencia de riesgos negativos.

Compartir se refiere a definir acciones para transferir la oportunidad a un tercero que está mejor capacitado o preparado para lograr que el riesgo positivo u oportunidad suceda, o que aumente su probabilidad de ocurrencia y/o su impacto.

Mejorar está dirigido a prever acciones para aumentar la probabilidad de ocurrencia o incrementar su impacto. Es lo opuesto a lo que se hace ante un riesgo negativo.

Aceptar hace referencia a tener planeado qué hacer si el riesgo positivo sucede; por ejemplo, hay que cambiar acciones posteriores, modificar el plan en alguno o todos sus aspectos.

Entonces, hemos revisado lo que puede influir negativamente en nuestro proyecto, planeado las acciones para disminuir las probabilidades y los posibles impactos de los riesgos negativos, y establecido qué hacer si los riesgos acontecen. Hemos también identificado, evaluado y planeado las acciones para aumentar la probabilidad y el posible impacto de los riesgos positivos.

Es decir, hemos analizado el proyecto con detenimiento y hemos previsto acciones que minimizarán los imprevistos negativos y maximizarán las oportunidades.

Estamos conduciendo, no vamos a la deriva.

Comunicaciones

Si el gerente quiere conducir el proyecto, durante su ejecución deberá dedicar la mayor cantidad de tiempo a comunicarse con su equipo, con los subcontratistas, con sus superiores, en fin, con los distintos actores del plan. Me explico un poco más.

Las distintas actividades del proyecto que se planean son realizadas por personas, miembros del equipo, emplea-

CONFIRMAR CAMBIOS

dos de la organización, empleados de los subcontratistas, inspectores externos, y otros. También, los distintos actores o *stakeholders* intervienen en las actividades, participando con su opinión, sus reclamos, sus exigencias, sus aprobaciones, sus rechazos. La coordinación de los trabajos de cada uno, la resolución de problemas, la motivación, la generación de información, las aprobaciones, son tareas de conducción, son actividades de comunicación. Son actividades del Gerente de Proyecto.

Lograr que la información fluya es una responsabilidad indelegable del Gerente de Proyecto. Volveremos sobre esta importante habilidad al comentar las competencias y habilidades del Gerente de Proyecto.

Además de sus competencias conversacionales bien desarrolladas, se necesita un plan de comunicaciones definido. Todos deben conocer qué hacer y cuándo, respecto al flujo de información.

Un plan de comunicaciones identifica tipo de información, destinatarios, medio, responsables de su generación, frecuencia, métricas a utilizar para realizar el seguimiento y control del proyecto.

Un plan establece quién necesita qué información, cuándo será generada, cómo le será proporcionada, quién se ocupará de ello; incluye las actividades de generación, recopilación, distribución, almacenamiento, recuperación y disposición final de la información del proyecto. Estas actividades deben estar definidas en la WBS.

Este plan es un subconjunto del Plan de Proyecto. Puede ser bien simple o abundar en detalles, dependiendo de la complejidad el proyecto, de los actores intervinientes, entre otros aspectos. Puede contener:

• Requerimientos de información de los interesados.

• Tipo de información y formato.

- Oportunidad y frecuencia de generación y distribución.

- Responsables de cada aspecto: generación, distribución, almacenamiento.

- Destinatarios.

- Métodos o tecnología utilizados.

- Proceso de escalamiento para la resolución de problemas (cadena de mandos y plazos).

- Métricas para la gestión del proyecto.

- Glosario de términos utilizados.

- Plan de reuniones.

- Modelo de documentos a utilizar para realizar las comunicaciones, como ser:
  - Enunciado del alcance
  - Registro de requerimientos
  - Registro de riesgos
  - Bases de estimaciones
  - *Responsibility Assignment Matrix* (RAM)
  - Formulario de control de cambios
  - Estado de avance del proyecto
  - Registro de temas pendientes
  - Lista de distribución de comunicaciones
  - Registro de interesados

Este plan de comunicaciones es un documento a elaborar durante la etapa del planeamiento y se debe tener en cuenta el análisis de interesados, que comentamos anteriormente. Recordemos que los interesados tienen diferentes características, diversos niveles de poder, de influencia y de interés en el proyecto; pueden producir distintos impactos, tanto positivos como negativos. Cuando se confecciona este plan de comunicaciones, deben tenerse en cuenta estas características y diseñar la mejor información y el más adecuado medio de comunicación para satisfacer las expectativas de ellos, comprendiendo sus intereses y necesidades.

Debemos considerar que a través de la comunicación, de las conversaciones que mantenemos, influimos en el entorno. Como dice Rafael Echeverría[11] en su libro *Ontología del lenguaje*: "La razón es una función del lenguaje. La razón surge dada la capacidad de reflexión del ser humano y esta reflexión es la capacidad recursiva del lenguaje. La característica que nos distingue del resto de las especies es el lenguaje".

Esto es relevante. Cada conductor y específicamente el Gerente de Proyecto deben dominar o tener bien desarrollada su competencia comunicacional. Continúa diciendo Echeverría: "La actividad fundamental de los directivos es estar en conversaciones. Esto es, escuchar, hablar, comunicarse con otros, promover algunas conversaciones y evitar otras. El éxito o fracaso de un directivo es función directa de su competencia para realizar conversaciones".

Peter Drucker[12], otro referente del management, dijo hace tiempo: "Demasiados ejecutivos no se dan cuenta de que ser maravillosos con las personas significa escuchar". Por otro lado, Tom Peters[13] insiste con que "...los gerentes no escuchan suficientemente a sus empleados, ni a sus clientes, ni lo que está sucediendo en el mercado".

---

11. Echeverría, Rafael: *Ontología del lenguaje,* Dolmen Ediciones/Ediciones Granica, Buenos Aires, 2001.
12. Drucker, Peter: *La gerencia en tiempos difíciles,* El Ateneo, Buenos Aires, 1985.
13. Peters, Tom: *Thriving on chaos: handbook for a management revolution,* Knopf, New York, 1987.

Esto sobre lo que estamos conversando es vital en el desempeño del Gerente de Proyecto. Primero, aceptar y comprender que las conversaciones y comunicaciones que se hagan en el proyecto influyen de manera significativa en el logro de los objetivos; luego, tomar conciencia o darse cuenta del nivel de desarrollo de sus propias competencias comunicacionales; posteriormente desarrollar lo que le falta, y por último poner manos a la obra: abandonar su escritorio y su computador, y conversar con todos, implantar una efectiva circulación de información, permanentemente.

Participación y compromiso de los actores

Es importante releer lo expresado con respecto al análisis de los actores, en el Capítulo 5, *Análisis de los actores (stakeholders).*

Las expectativas de esos actores son elementos cruciales en el proyecto. Su efectiva participación, compromiso e involucramiento son cruciales para el éxito del proyecto. El Gerente de Proyecto y sus colaboradores deben poder gestionarlas para lograr el apoyo de unos, y minimizar las oposiciones de otros. Esto se hace por medio de un adecuado relacionamiento con una oportuna y eficiente comunicación.

Más aún, si las comunicaciones no fluyen de manera adecuada entre los actores y el equipo del proyecto, es seguro que aparecerán problemas no previstos, que no surgirían si la información circulara en forma oportuna y completa.

Aquí debemos idear el modo de relacionarnos con los actores cuando estemos ejecutando el proyecto. Debemos dedicar tiempo para planear las estrategias y acciones en función de las características personales y profesionales de cada actor; tenemos que considerar su influencia e intereses.

Además de identificar quiénes son los actores y sus características, debemos establecer sus interrelaciones, sus requerimientos, el impacto que pueden generar en el proyecto, y el que el proyecto puede generarle a ellos, los requerimientos de comunicación, el tipo de información a hacerles llegar y con qué frecuencia, la posible superposición de autoridades con respecto al proyecto.

Tengamos en cuenta que mantener a los actores motivados y "subidos a bordo" del proyecto, es mucho más que generar información y hacérsela llegar. Significa establecer una relación de confianza; la confianza de que el Gerente de Proyecto y su equipo están comprometidos y evidencian ese compromiso de satisfacer sus necesidades y requerimientos. Debemos, en esta instancia de planeamiento, idear y planear con quién nos relacionaremos para que influya sobre otros, si fuera necesario; definir cómo acceder a los actores que poseen mucha autoridad pero son de difícil acceso, quién nos ayudará, y así planear la forma de mantener el apoyo de los actores con interés positivo en el proyecto, y cómo minimizar la influencia negativa de aquellos que desean que el proyecto no avance o fracase.

Para realizar este planeamiento de cómo nos relacionaremos con los actores, debemos tener en cuenta, además de sus características, la cultura de la organización, la estructura de poder, el clima político, las experiencias positivas y negativas que han tenido otros en el relacionamiento.

Se debe considerar que distintos actores tendrán distintos niveles de participación e involucramiento en el proyecto. Habrá aquellos que no serán conscientes del impacto que producirá el proyecto, otros serán resistentes a los cambios que producirá, otros apoyarán los cambios, y los preferidos: los que participarán activamente en el proyecto y trabajarán para lograr que concluya con éxito.

Todas estas estrategias y acciones se incluirán en el plan y serán parte de las actividades a realizar en tiempo de ejecución del proyecto, cuando se realice la gestión de la participación de los actores.

Calidad

Con respecto a este tema, debemos considerar la calidad del producto y la del proyecto.

Para ello, en tiempo de confección del plan es necesario identificar cuáles son los estándares de calidad que se deberán satisfacer cuando se ejecute el proyecto.

Más precisamente, cuando se estén identificando y definiendo los requerimientos debemos incluir los correspondientes a calidad. Se identificarán todos los estándares de calidad que se deben satisfacer, ya sea los del producto, de normas internas, legales, municipales, etc., como lo expusimos bajo el subtítulo *Requerimientos del proyecto*.

Calidad también está en la WBS, cuando establecemos qué tareas se realizarán para controlar la calidad del producto, o cuáles se implementarán para asegurar que los procesos de calidad se están siguiendo. Está en el cronograma, en el presupuesto. Es decir, calidad está inmersa en cada uno de los procesos del planeamiento, identificando las tareas a realizar durante la ejecución y el control del proyecto para lograr su cumplimiento. Se incorporarán las actividades correspondientes en la WBS, en la asignación de responsabilidades, en el cronograma, en el presupuesto.

Para clarificar un poco este asunto, quiero detenerme en tres aspectos: el *control de calidad*, el *aseguramiento de calidad* y el *plan de administración de la calidad*.

El control de calidad (quality control [QC]) consiste en verificar que las obras, los productos, los equipos, la tecnología, es decir, los entregables, cumplen con los requerimientos de calidad definidos, e identificar las acciones para eliminar las causas de la no satisfacción. Es decir, construimos el producto y verificamos que funciona tal cual queríamos.

El aseguramiento de calidad (quality assurance [QA]) consiste en realizar actividades planificadas y sistemáticas para asegurar que en la generación del producto o de los entregables se utilicen todos los procesos definidos, y analizar si esos procesos son adecuados o están dando resultados.

Observen una diferencia. Controlar es verificar algo que ya hicimos y medir si cumple con los requerimientos definidos. Sucede después: hago y luego controlo. En cambio, el aseguramiento ocurre mientras construyo el producto, voy verificando si en esa construcción sigo los procesos definidos. Sucede mientras o durante. Por eso se dice que el control de la calidad es reactivo, y el aseguramiento de la calidad, proactivo.

Todas estas tareas de control y de aseguramiento de calidad se realizarán en tiempo de ejecución y de seguimiento y control; las analizaremos más en detalle cuando abordemos estas fases del proyecto, pero esas tareas deben estar previstas e incluidas en la instancia de planificación.

Planear la administración de la calidad es identificar qué normas de calidad son relevantes y cómo van a ser satisfechas. Incluye confeccionar un plan de calidad que es un subcapítulo del Plan del Proyecto. Es identificar los estándares de calidad existentes o nuevos para la conducción del proyecto y del producto; determinar qué trabajo será necesario para alcanzar los estándares; determinar cómo se medirán parámetros para saber si se alcanza los estándares; balancear las necesidades de calidad con alcance, tiempo, costo, riesgo y satisfacción.

Un completo plan de administración de calidad puede contener y estar estructurado según lo siguiente:

1. Organización y responsabilidades:
   - Roles, responsabilidades e interrelaciones de quienes se ocuparán de las tareas de calidad, ya sea del equipo del proyecto, del cliente, de los subcontratistas y de la conducción del proyecto; como ser: administrador de calidad del proyecto, Gerente de Proyecto, responsable de la prueba de los entregables, responsable por el diseño y desarrollo técnico, comité de calidad del cliente, representante de calidad de subcontratistas.

2. Actividades de calidad a desarrollar en el proyecto, que deben incluirse en la WBS, por ejemplo:
   - Revisar la documentación elaborada de planes y especificaciones.
   - Verificar del uso de prácticas y estándares existentes.
   - Implantar procedimientos de reporte de errores y corrección de fallas, incluyendo análisis y procedimientos de escalamiento de problemas.
   - Evaluar procedimientos de calidad de subcontratistas.
   - Controlar el registro y seguimiento de "asuntos abiertos".
   - Velar por la existencia e implantación de un plan de comunicaciones.

3. Herramientas, técnicas y metodología a utilizar:
   - Metodologías: administración de proyectos, procedimiento formal de control de cambios, procedimiento de administración de configuraciones.
   - Herramientas: registro de fallas, registro de requerimientos, registro de riesgos, planillas de cálculo para procesar datos de calidad.
   - Técnicas: inspección para búsqueda de errores o fallas, *checklists*.

4. Documentación que deba elaborar el equipo del proyecto, subcontratistas y/o el cliente; por ejemplo: descripción de requerimientos, diseño conceptual y funcional, documentación de pruebas incluyendo casos y resultados esperados, registros de control incluyendo asuntos abiertos, cambios y riesgos; arquitectura técnica de la solución.

5. Revisiones y auditorías a realizar. Para cada una de ellas, se debe especificar: quién la realizará, cuándo, qué propósito tiene. Ejemplos: revisiones de requerimientos, revisiones de diseño, revisiones gerenciales de control de proyecto, auditorías de procesos, Auditorías gerenciales para evaluar la efectividad del sistema de calidad implementado.

6. Reporte de problemas y acciones correctivas, como ser reportes de los problemas que vienen de fábrica, de los descubiertos durante inspecciones, de los que surgen en las revisiones de temas abiertos.

7. Inspecciones y auditorías que se harán a subcontratistas, el propósito de cada una, su criterio de aceptación y plan de acción.

8. Métricas a utilizar para administrar la calidad. Establecer los objetivos a medir y las métricas a utilizar, para saber si se cumplen los estándares de calidad definidos desde las perspectivas del cliente y de la organización ejecutante.

En síntesis, como habrán observado, todas las acciones inherentes a la calidad del producto y del proyecto deben ser establecidas anticipadamente en el Plan del Proyecto. Dependiendo de la envergadura del proyecto es recomendable confeccionar un plan de administración de la calidad que contenga algunos o todos los puntos enunciados.

Tanto las tareas de control como las de aseguramiento deben ser previstas; y recordemos que las de aseguramiento son proactivas, pues están orientadas a que cuando hagamos el control de lo hecho, la cantidad de defectos sea menor, o directamente no exista ninguno.

Adquisiciones

En tiempo de planificación se deben determinar qué cosas deberán ser compradas y/o subcontratadas; qué elementos y trabajos se pedirá que se realicen fuera de la organización. Asimismo, se debe definir cómo se asegurará que la entrega de productos y/o servicios contratados se realice de acuerdo a las especificaciones, los costos y el tiempo establecidos en el contrato.

Todo este proceso incluye diversas actividades que comentaremos, y requiere un intenso análisis de potenciales proveedores o subcontratistas, y escribir especificaciones detalladas y un completo y exacto "enunciado de trabajo" (*statement of work* [sow]).

Asimismo, todo el equipo del proyecto debe estar involucrado y conocer las distintas responsabilidades que les incumben.

La relación con un contratista debe ser vista con un enfoque de sociedad y de ganar-ganar. Me gusta decir que si subcontratamos a alguien, ya sea una persona o una empresa, es porque lo necesitamos; por ello debemos sumarlo al equipo y a la visión del proyecto. Digo esto pues es frecuente considerar a contratistas como algo perverso, o de cuidado; a su personal se lo trata como gente diferente, que no tiene los mismos derechos que los propios empleados. Desde el punto de vista del trabajo en equipo esto es nocivo, o al menos no positivo. Usan ropa de trabajo diferente, no tienen acceso a algunos servicios, se les mantiene determinadas instalaciones vedadas, etc. El enfoque de sociedad es necesario para tener a la gente comprometida con los objetivos del proyecto.

Hay diversas razones por las cuales subcontratamos; entre ellas podemos mencionar que no contamos con el personal suficiente, no tenemos el *know-how*, normalmente lo que estamos subcontratando no es el objetivo principal del negocio.

En términos generales, podemos decir que no sabemos o no podemos hacer aquellas tareas por las que estamos subcontratando.

Esto trae un riesgo para nuestro proyecto; si el subcontratista falla, fallamos nosotros, se afecta el proyecto. Desde ya que a nuestra gente también le puede pasar. Pero, en el caso de un subcontratista este riesgo de incumplimiento se ve incrementado por nuestra dificultad para supervisar su desempeño, si, como dijimos antes, estamos subcontratando gente para hacer lo que no sabemos.

La pregunta que surge es: ¿cómo supervisamos el trabajo del subcontratista? Dejemos pendiente posibles respuestas para analizarlas un poco más adelante.

Recordemos que administramos las adquisiciones para lograr que lo que contratamos o compramos satisfaga las necesidades de nuestro proyecto.

Veamos los procesos que incluyen la administración de adquisiciones: *planificar, efectuar, controlar, cerrar las adquisiciones.*

Planificar las adquisiciones

Significa identificar qué vamos a comprar y subcontratar, y cuándo. Y lo debemos incluir en nuestro Plan del Proyecto. Debemos identificar con tiempo suficiente a los posibles oferentes a los cuales les pediremos sus propuestas, y para ello debemos documentar los requerimientos, las especificaciones, las condiciones de contratación. Es decir, debemos confeccionar los documentos para que el subcontratista pueda entender qué necesitamos y pueda realizar una propuesta concreta. Esta última palabra es para tener en cuenta; si necesitamos una propuesta concreta, no ambigua, nuestros requerimientos deben ser concretos, claros, no ambiguos, completos. En estas actividades puede trabajar el equipo del proyecto con la asistencia del personal del área de Contrataciones, de Legales y de Finanzas; todo para poder definir las especificaciones técnicas y contractuales.

En este proceso, que deberíamos hacer al iniciar el planeamiento del proyecto, se define, además, el tipo de contrato que vamos a utilizar con cada subcontratación.

Un contrato es un documento legal que representa un acuerdo vinculante entre las partes que obliga al vendedor a proveer los productos, servicios o resultados especificados, y el comprador se obliga a proporcionar dinero u otra contraprestación convenida.

Algunos de los ítems que deben ser incluidos en un contrato son:

- Objeto del contrato.

- Descripción de los bienes o servicios a contratar.

- Forma de contratación: precio fijo, ajuste alzado, costos más honorarios, etc.

- Plazo de ejecución y cronograma de entregas.

- Método de administración a utilizar por proveedor.

- Garantías y fondo de reparo.

- Monto del contrato, forma y plazo de pago.

- Acopios, anticipos.

- Procedimiento de medición y presentación de avances.

- Recepción provisoria y definitiva.

- Procedimiento para cambios.

- Penalidades e incentivos.

- Rescisión.

- Solución de controversias.

- Tribunales para litigar.

- Vigencia del contrato.

Quiero destacar el ítem "Método de administración a utilizar por proveedor", el cual se refiere a describir cómo el proveedor va a administrar la ejecución de sus servicios, de sus trabajos, de qué manera va a gestionar la elaboración de los productos o servicios que va a proveer. Conocer esto nos posibilitará ejercer una mejor supervisión o inspección del avance de los trabajos del subcontratista. Recordemos que es difícil supervisar las tareas que no sabemos hacer. Además, si el oferente describe su método de administración nos permite observar cómo va a gestionar su trabajo, o al menos qué sabe de cómo administrarlo. Dudemos de aquel que no puede describir cómo administrará su trabajo.

Dejamos recientemente sin responder cómo supervisamos el trabajo del subcontratista. Una posibilidad es conocer cómo gestionará y administrará el trabajo de su gente, cómo administrará el proyecto que debe hacer para nosotros. Volveremos sobre esta pregunta cuando conversemos del proceso de administrar el contrato que realizamos en tiempo de ejecución de nuestro proyecto, cuando hacemos el control.

Efectuar las adquisiciones

Este proceso incluye solicitar propuestas, recibirlas y analizarlas; seleccionar; adjudicar, y firmar los contratos.

Si estamos considerando una provisión clave, relevante, fundamental para el proyecto, esta selección y contratación deberíamos hacerlas en tiempo de planeamiento. Hacerlo al momento de la ejecución puede traer problemas, y grandes, pues puede haber importantes desvíos entre lo averiguado al efectuar el plan y lo que realmente luego contratamos; y todo esto sin haber empezado a fabricar nada.

En general, cada organización tiene reglas o procesos definidos respecto de cómo solicitar propuestas a proveedores externos y adjudicar los contratos. Seguidamente describo los conceptos y pasos relevantes:

- Completar o revisar los documentos de adquisiciones para realizar la búsqueda de oferentes, donde deben estar descriptos completa y claramente los requerimientos técnicos y contractuales, fecha de entrega de los productos y los criterios de aceptación, y los términos y condiciones contractuales.

- Completar la identificación de oferentes a quienes solicitar propuestas, de listas de proveedores homologados previamente, de catálogos de la industria, de Internet, de publicidad del llamado.

- Definir criterios de evaluación de proveedores y de las propuestas.

- Realizar el llamado o invitación a realizar propuestas a los oferentes identificados.

Es una buena práctica realizar reuniones con oferentes de referencia para asegurarnos que los requerimientos están correctamente definidos y son entendidos, y eventualmente actualizar los documentos del llamado.

Con las propuestas recibidas se realiza un análisis de las características, tanto del oferente como de la propuesta técnica y económica. Todo ello a efectos de asegurar que la provisión cumplirá con los requerimientos. Esta evaluación de las distintas propuestas recibidas implica disponer del conocimiento de los requerimientos, de la industria y de las prácticas del mercado.

En toda evaluación para seleccionar un proveedor y su propuesta existen criterios objetivos y subjetivos. Podemos mencionar entre los primeros: la calidad de la solución técnica, la capacidad de obra, la experiencia en trabajos similares, la solidez económica y financiera, el precio de venta, la forma de pago, etc. Los criterios objetivos tienen que ver con los criterios técnicos y los de precio. En cambio, los subjetivos están relacionados con las características del proveedor como organización, con el vínculo que se pretende iniciar con el oferente: ¿es una relación estratégica?, ¿se está buscando un socio, una alianza, o es por única vez?

Todos estos criterios de evaluación y selección deben estar previamente definidos, y antes de recibir las propuestas. Deben estar orientados a evaluar las características o cualidades del producto o servicio, del proveedor, y de las normas o estándares que se deben cumplir. Las características frecuentemente tienen diferente importancia o peso respecto de otras, por ello las diversas características deben tener su peso o puntaje dentro de la evaluación.

Podemos agrupar los criterios a tener en cuenta y confeccionar una lista de chequeo con peso para cada uno de ellos, por ejemplo:

- *Criterio gerencial,* relacionado con las características o cualidades del proveedor como organización:

- Reputación.
- Experiencia que tenga en trabajos similares.
- Referencias.
- Capacidad de obra y disponibilidad de recursos.
- Antecedentes de cumplimiento.
- Calificación de los empleados a asignar.
- Capacidad y calidad de la infraestructura disponible.
- Solidez económica y financiera.
- Cumplimiento de requisitos legales, garantías, derecho de propiedad.
- Políticas implantadas y en uso común.
- Certificaciones.
- Metodología y sistemas de administración en uso.

- *Criterios técnicos*, vinculados a las características o cualidades de los productos o servicios:
  - Capacidades y funciones de la provisión.
  - Naturaleza y calidad del diseño.
  - Nivel y calidad del funcionamiento.
  - Claridad de la descripción.
  - Soporte posterior.

- *Criterio del precio*, relacionado con el precio, la forma y el plazo de pago:
  - Se debe considerar el realismo, es decir, si es posible con ese precio realizar la provisión y obtener una ganancia; y la competitividad, o sea, la comparación con otros valores del mercado para provisiones equivalentes.

Una vez recibidas las propuestas, se procederá a realizar la evaluación y calificación de cada una de ellas teniendo en cuenta el grado de cumplimiento de cada uno de los criterios de evaluación previamente definidos. Cada propuesta se califica estableciendo el puntaje obtenido en cada criterio. Posteriormente, se comparan los puntajes obtenidos y se determina la propuesta que calificó mejor. Esta es una técnica muy útil y bastante objetiva. Como dijimos, los criterios subjetivos están siempre presentes, deberíamos apoyarnos en los objetivos más que en los subjetivos. Cada criterio puede tener distinto peso, entonces se realiza la suma ponderada de los puntajes obtenidos.

Esta evaluación puede hacerse en dos pasos: primero se evalúa y califica las características del proveedor y de la solución propuesta, y luego se califica el precio. Hay distintas modalidades. Una opción es evaluar en el primer paso desconociendo el precio propuesto, y en el segundo evaluar el precio solo de las propuestas que pasaron el primer paso; esto implica establecer puntajes mínimos requeridos, y aquellas propuestas que no lo superen sean desestimadas. Esta evaluación de dos pasos es conveniente cuando los requerimientos no están bien definidos y la aptitud de los oferentes es desconocida.

Luego de esta evaluación se selecciona el proveedor que hizo la propuesta más conveniente, y se pasa a la etapa de negociación final en la cual se aclaran todos los puntos que pudieran no estar claros, se reafirma la propuesta, y se firma el contrato o convenio. Esto en función de las reglas de contrataciones que disponga la organización.

Este proceso de efectuar las adquisiciones se realiza en tiempo de planeamiento o de ejecución del proyecto, según el tipo de adquisiciones de que se trate.

Si estamos considerando una provisión clave, relevante, fundamental para el proyecto, deberíamos realizar la selección y contratación durante la etapa de planeamiento.

Efectuarla al momento de la ejecución puede traer problemas, y grandes. Debemos realizar la selección del contratista, conocer todo lo que eso implica, la propuesta, los costos, las condiciones contractuales, los riesgos, e incluirlos en el plan. Si lo hacemos al momento de ejecutar, puede haber sorpresas y enormes diferencias entre las estimaciones incluidas en el plan y la realidad surgida durante la ejecución; así, aparecen desvíos a lo planeado, y además, una vez puestos en funcionamiento los mecanismos de ejecución, el reloj está funcionando y el tiempo es escaso para realizar todo el proceso de selección y contratación de forma serena, prolija; en esta etapa ya estamos apurados, presionados.

¿Cómo podemos contratar algo en tiempo de planeamiento, si todavía no tenemos la seguridad de la aprobación del proyecto? A veces es simple, se puede incluir una cláusula "gatillo" que establece la vigencia de la contratación condicionada a la aprobación del proyecto. En pocas palabras, al momento de realizar el planeamiento debemos tener el compromiso claro y concreto de los contratistas claves y sus provisiones; no lo podemos dejar de manera imprecisa hasta la ejecución.

Obviamente que si la provisión no tiene un peso importante en el proyecto, ya sea desde el punto de vista de la complejidad, o de los costos, o de la opciones disponibles en el mercado, podemos efectuar la selección y la contratación en tiempo de ejecución, tomando al momento de planificar el recaudo de estimar con información lo más cierta posible.

Controlar las adquisiciones

Posteriormente, en tiempo de ejecución se realiza el proceso de *controlar las adquisiciones*, que es el monitoreo y control de los trabajos, la recepción de los entregables y la gestión de eventuales cambios.

Incluye administrar las relaciones, monitorear el desempeño de los contratos, hacer cambios y correcciones según las necesidades; asegurar que ambas partes (vendedor y comprador) cumplan con sus obligaciones contractuales.

Cerrar las adquisiciones

Y al terminar el proyecto se realiza el proceso de *cierre de adquisiciones,* en el que se completan las provisiones y se cierran los contratos.

Incluye completar cada adquisición del proyecto, verificando que todos los trabajos y los entregables hayan sido aceptados; realizar el cierre de los contratos con los proveedores; documentar el desempeño, resultados y relaciones con el proveedor para futuras referencias.

Cronograma del proyecto

Luego de realizadas las acciones que hemos expuesto hasta aquí, se podrá confeccionar el cronograma del proyecto. ¿Por qué digo que "se podrá"? Simple, pues podemos hacer un cronograma cumplible si conocemos y elaboramos todos los elementos que hemos comentado. Si lo hacemos sin conocer en detalle los requerimientos o las actividades que se deben realizar para construir los entregables, y tampoco hemos estimado los recursos o definido las acciones para hacer frente a los riesgos, entonces ese cronograma será un invento, un conjunto de gráficos y fechas ilusorias; puras intensiones y promesas incumplibles.

No es posible hacer un cronograma veraz sin haber realizado todas las acciones ya comentadas, esto es, comprensión de requerimientos, determinación de todas las tareas y su secuencia de ejecución, estimación de los recursos necesarios y duración de cada actividad; incluyendo las tareas de calidad y las de mitigación de riesgos, y las de adquisiciones.

Complicado es cumplir un cronograma bien elaborado,
imposible es cumplir un cronograma
que surja de la nada.

Si realizamos todas las tareas que hemos descrito, surgirá un cronograma de actividades completo y factible. Estarán previstos los recursos, las necesidades y los tiempos, así como también un análisis y evaluación de los riesgos. Tendremos mayor confianza de cumplirlo.

Entonces, con la red del proyecto confeccionada y la estimación de duración de cada una de las actividades, podemos armar el cronograma del proyecto. Es decir, calculamos la fecha temprana y tardía de inicio y finalización del proyecto.

Se utiliza un diagrama de barras para visualizarlo:

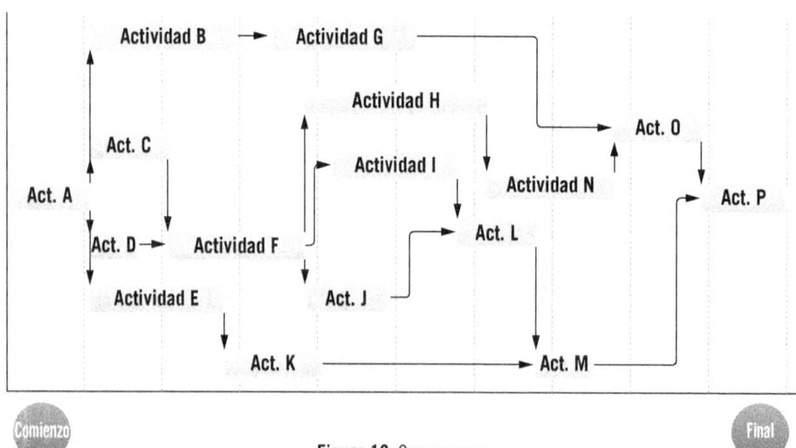

Figura 12. Cronograma

La confección del cronograma es un proceso iterativo. Se utilizan diversas técnicas, como ser: método del camino crítico (*critical path method* [CPM]), método de cadena crítica (*critical chain method*), nivelación de recursos, comprensión del cronograma, análisis de escenarios. Alguna de ellas, o todas, pueden ser utilizadas para llegar al cronograma deseado y posible. Veamos sintéticamente cada una de ellas, recordando lo comentado enel apartado titulado *Secuencia y red* (pág. 69).

Método del camino crítico - CPM

En función de las duraciones de las actividades y sus relaciones de secuencia se calculan las fechas teóricas de inicio y finalización tempranas y tardías de todas las actividades. Ellas indican los períodos o plazos dentro de los cuales pueden planificarse las actividades según las estimaciones de lo que van a durar.

De las fechas más tempranas y más tardías surge la holgura o tiempo flotante, que es el lapso que una tarea puede demorarse sin afectar a las siguientes actividades establecidas en la secuencia.

Así, se determina cuál es el camino de las actividades que no tienen tiempo flotante u holgura, denominado "camino crítico". Si cualquiera de las actividades incluidas en ese camino se demora, se atrasa directamente el proyecto. En cambio, cualquiera de las actividades que no están en ese camino crítico puede demorar su terminación hasta no superar su tiempo flotante, sin afectar la terminación del proyecto.

Conocer y administrar los flotantes es obligación indelegable para la administración del cronograma permite: reasignar recursos, conocer las posibles demoras y su afectación a la fecha de terminación, utilizar flotantes de actividades para reprogramar otras conociendo el impacto en el tiempo que se produciría.

En el método del camino crítico se realiza el cronograma en función de la duración de las actividades, es decir, considerando los tiempos.

Método de cadena crítica - CCM

Aquí se consideran los recursos limitados o críticos a asignar en las actividades. Una vez realizado el cronograma en función de las duraciones, se determinan cuáles son los recursos limitados o críticos, en qué actividades se asignarán, y la disponibilidad de su asignación. Se ajusta entonces el cronograma. Posteriormente, se consideran *buffers* o "colchones" en las actividades previas a esas tareas críticas, para prever cualquier atraso, de manera tal que no afecte a aquellas que cuentan con recursos críticos. Es decir, se protegen las actividades que serán realizadas por recursos críticos. Esos colchones se conocen como *buffers* de alimentación.

También, se incorpora un *buffer* del proyecto al final del mismo para ser administrado ante cualquier retraso durante la ejecución del proyecto.

Eliyahu Goldratt[14], en su libro *Cadena crítica*, relata los aspectos de este método.

---

14. Goldratt, Eliyahu M.: *Cadena crítica*, Ediciones Díaz de Santos, Madrid, 2001.

Nivelación de recursos

Se aplica a un cronograma que ya ha sido analizado por medio del CPM. La idea es distribuir los recursos críticos entre las actividades que necesitan ser finalizadas en determinada fecha. Muchas veces hace que el camino crítico se modifique.

Se reasignan recursos que son escasos, desde tareas no críticas a otras que sí lo son, lo que puede ocasionar que el proyecto tenga una duración mayor a la original, pero permite mantener el proyecto controlado de forma más eficiente.

Se analiza también la asignación de recursos en dos o más tareas para el mismo período y se reasigna modificando el cronograma.

Compresión del cronograma

Normalmente estamos apurados o los plazos que surgen de un cronograma en su primera versión son muy extensos. Debemos acercar la fecha de terminación del proyecto, comprimir el cronograma, pues las fechas de los hitos o la finalización no son aceptables o inconvenientes. La compresión del cronograma consiste en acortarlo sin cambiar el alcance del proyecto. Algunas técnicas son:

Compresión o crashing: es agregar recursos a las actividades para acortar su duración. Se planea agregar personas, equipos, elementos, para lograr que la actividad pueda ser realizada en menor tiempo. Claro, no debemos agregar recursos a todas las tareas, debemos hacerlo en aquellas cuyo acortamiento influye en lograr una reducción del tiempo requerido. Me refiero a no sumar recursos a las actividades que tienen tiempo flotante u holgura. Debemos acortar las del camino crítico; pero no todas o cualquiera del camino crítico. Debemos comenzar a planear más recursos en aquellas en las que se obtiene mayor compresión con menor costo. Es decir, debemos hacer un análisis de costo y beneficio. Tengamos en cuenta que hay actividades que por más que agreguemos recursos su duración es invariable, fija.

Solapamiento o "fast tracking": es superponer la realización de actividades que originalmente serían hechas de manera secuencial. Al llevar a cabo las tareas en paralelo, acortamos su duración total.

Tanto al agregar más recursos como al solapar las actividades, normalmente estamos agregando más costos, más coordinación, más riesgos. Desde ya, a costa de acortar el cronograma. No olvidemos: "alguien paga, nada es gratis".

Análisis de escenarios

Se realiza para analizar opciones. Se utiliza la red del proyecto para predecir el impacto de los diferentes escenarios a partir de la pregunta: ¿qué pasa si la situación representada por un escenario se vuelve realidad? Por ejemplo, ¿qué sucede si una determinada actividad se atrasa en diez días? Se modifica su duración en diez días y se ve el cronograma completo para determinar el cambio. Se puede ver qué ocurre si son quince días de demora, o qué pasa si la actividad subsiguiente, u otra, también se demora. Para este análisis debemos utilizar alguna herramienta informática que nos ayude, pues definir escenarios implica redefinir el cronograma; hacerlo sin el auxilio de una herramienta informática es casi imposible, pues debemos simular distintas situaciones.

El método más común para simular diferentes situaciones es el análisis de Montecarlo. Se utiliza para calcular una posible distribución estadística del comportamiento del proyecto en su totalidad. Requiere *software* especializado para realizar la simulación. Se utiliza para analizar el riesgo total del proyecto, mediante una simulación que combina las fechas optimista, más probable y pesimista para las actividades de la red. Esta simulación genera probabilidades de terminar el proyecto en determinadas fechas.

Presupuesto de ingresos y egresos

Ya estamos terminando el Plan del Proyecto. Estamos por confeccionar y finalizar el presupuesto del proyecto.

Observen que recién ahora estamos conversando del presupuesto; es decir, después de haber comprendido el proyecto que encaramos ejecutar, luego de analizar todos los elementos a tener en cuenta, los requerimientos, las actividades, los recursos, los tiempos, los riesgos, la calidad, las subcontrataciones, las comunicaciones, en fin, todo lo descrito hasta aquí, podremos confeccionar un presupuesto de ingresos y egresos que refleje todo lo necesario para ejecutar un proyecto posible.

Armar un presupuesto sin considerar lo que hemos dicho, es confeccionar un presupuesto ilusorio, tal como sucede con el cronograma.

Cuando estoy escribiendo esto, me viene a la mente nuevamente la pregunta ¿por qué reitero este concepto, si es muy elemental? No es posible hacer un presupuesto de un proyecto si no se conoce todo lo que involucrará su ejecución.

Sí, es simple, pero es más frecuente de lo razonable observar proyectos que son presupuestados utilizando sofisticadas herramientas, analizando diversos escenarios, aplicando técnicas excelentes para estimar la probabilidad de cumplimiento, pero sin incluir todos los trabajos, todas las actividades necesarias. Insisto, una vez más, pues estamos terminando nuestro Plan del Proyecto: debemos llegar a confeccionar el presupuesto luego de haber seguido toda la secuencia de procesos sobre la que hemos estado conversando.

La confección del presupuesto también es un proceso iterativo. Elaboramos una primera versión luego de haber recorrido todos los procesos, y a medida que conocemos más detalles de cada uno de ellos, de los requerimientos, de las actividades necesarias, podemos estimar mejor los recursos necesarios, entonces elaboramos la nueva versión del presupuesto, y así vamos iterando hasta estar conformes con el presupuesto final. Entonces incluimos este presupuesto en el plan, y lo sometemos a aprobación.

Veamos con algún detalle en qué consiste el presupuesto.

Recordemos que tenemos el cronograma confeccionado, es decir, conocemos cuáles son las actividades y cuándo se planea ejecutarlas, y su duración. También tenemos estimados los recursos necesarios, ya sea personal, maquinarias, herramientas, equipamiento, infraestructura, tasas e impuestos, en fin, todo lo requerido.

Entonces, sumamos todos los costos por período, y obtenemos la suma de los costos por cada período que necesitamos para ejecutar el proyecto. Estos costos se agrupan en diversos rubros, por ejemplo: por paquete de trabajo, por grupo de paquetes de trabajo, por cuentas de control establecidas en las normas de la organización, por departamento o área.

Además, se estimarán los ingresos por período. Cada proyecto tiene sus estimaciones de ingresos, las cuales se realizarán en función del tipo de proyecto que se trate. Se considerarán todos los posibles ingresos durante todo el ciclo de vida del proyecto.

	Sub-totales	1	2	3	4	5	6
Presupuesto de ingresos y egresos							
				Períodos			
Ingresos	113.000		8.000	5.000	30.000	30.000	40.000
Rubro 1	13.000		3.000		10.000		
Rubro 2	100.000		5.000	5.000	20.000	30.000	40.000
Egresos	76.800	3.000	37.200	11.300	10.400	11.000	3.900
Equipamientos	28.000		28.000				
Costos laborales	32.000	3.000	6.500	6.500	6.500	6.500	3.000
Subcontrataciones	10.300		2.000	4.000	2.000	2.300	
Viáticos	900		500	100	100	100	100
Capacitación	2.600				1.300	1.300	
Tasas e impuestos	3.000		200	700	500	800	800
Flujo	36.200	-3.000	-29.200	-6.300	19.600	19.000	36.100
Flujo acumulado		-3.000	-32.200	-38.500	-18.900	100	36.200

VAN	33.211	**Mayor exposición**	-38.500
Tasa descuento	1%	**Punto de equilibrio**	5
TIR	24%		

Figura 13. Presupuesto de ingresos y egresos

Veamos un sintético ejemplo para analizar algunos conceptos en el gráfico superior.

En este ejemplo, se está planeando tener ingresos totales de 113.000 y egresos totales de 76.800, con una diferencia de 36.200. Observemos que el proyecto se realizará en 6 períodos, y durante los primeros 3 períodos el flujo (ingresos menos egresos) es negativo; es decir, deberá invertirse en la ejecución de este proyecto. Debemos obtener algún financiamiento hasta el período 5, en el cual el flujo acumulado es positivo. Es decir, si todo ocurre como lo planeado, lo que muestra este presupuesto es que se obtendrá un margen de 36.200. Pero debemos invertir primero. Analicemos si este proyecto es conveniente o no, desde el punto de vista económico-financiero.

La diferencia, el margen, es 36.200 al final del proyecto, y surge del flujo que ocurre período a período. La suma algebraica de ese flujo. Pero, ¿a cuánto equivale esa cifra a valores de hoy, que es cuando estamos analizando la conveniencia de ejecutar el proyecto?

Valor actual neto

Para responder a esa pregunta, recordemos que el dinero tiene distinto valor según el momento en el cual se lo exprese. Digo esto considerando inflación cero, es decir, que puedo comprar un producto con una determinada cantidad de dinero y no se encarece, siempre cuesta lo mismo. A pesar de que no hay inflación, el dinero varía con el paso del tiempo su valor; si lo tengo, lo puedo invertir, puedo generar más valor a futuro. Por ello, no deberíamos comparar cantidades de dinero expresadas en momentos distintos; debemos "homogeneizar", "llevar", traducir, expresar las cantidades a un mismo tiempo. Esto se hace calculando el valor futuro (si traduzco una cantidad a un momento en el futuro) o calculando el valor actual (si traduzco una cantidad del futuro al día de hoy).

Entonces, el *valor actual* de una cantidad de dinero expresada en algún momento en el futuro es la transformación de esa cantidad al día de hoy. Se hace a través de una tasa de descuento. Por cada período a "acercar" le debemos descontar una cantidad según esa tasa de descuento.

Valor actual = Valor / (1 + Tasa descuento)

Ejemplo: si el valor es 100 y la tasa de descuento es 10%, entonces el

Valor actual = 100 / (1 + 0,1) = 100 / 1,1 = 90,9

Entonces, volviendo a la pregunta que no hemos respondido aún: ¿a cuánto equivale los 36.200 a valores de hoy? Antes debemos hacer otra consideración: los 36.200 surgen de un flujo de dinero, algunos negativos (inversiones que debemos hacer), otros positivos (excedentes de ingresos y egresos). Entonces, debemos convertir ese flujo de valores positivos y negativos al día de hoy. Esto es lo que se llama *valor actual neto* (*VAN*), de un flujo.

$$\text{Valor actual neto} = \frac{\text{Sumatoria de flujo de valores}}{(1 + \text{Tasa descuento})}$$

Expresado en términos matemáticos:

$$\text{Valor actual neto} = \frac{\Sigma_{i=0} \text{ Flujo i}}{(1 + \text{TD})^i}$$

Dicho de otro modo, debemos convertir cada uno de los flujos al momento actual y luego sumarlos todos. Esto es el VAN del proyecto, que representa la sumatoria del flujo a través de los períodos, expresado a valores actuales.

Para calcular el VAN del presupuesto que mostramos, usamos la tasa de descuento del 1% por período. El VAN es de 33.211, que expresa la sumatoria del flujo expresado al día de inicio, es decir, el margen que generará este proyecto expresado a hoy.

La tasa de descuento es establecida e informada por el área financiera de cada organización, y tiene fuerte relación con el costo del dinero, con lo que le cuesta obtener dinero prestado a la organización. Cada organización tiene su propio costo del dinero. Si bien existen diferentes elementos que intervienen en dicho cálculo, aquí vamos a simplificar que la tasa de descuento es el costo del dinero para la organización.

Tasa interna de retorno

Ahora bien, ya que debemos invertir en este proyecto, pues el flujo es negativo en los primeros períodos, debemos evaluar si es rentable hacerlo. Utilizamos la Tasa Interna de Retorno (TIR) para ello.

La TIR representa la tasa que iguala los valores actuales netos de los flujos positivo y negativo. ¡A no preocuparse! Si se usa el MS Excel® u otra planilla de cálculo, se aplica la fórmula y se calcula. La TIR expresa la rentabilidad que se obtiene por cada peso invertido por período. Observemos que en los primeros períodos el proyecto necesita inversión para hacer frente a los costos.

En el ejemplo, invertimos 3.000 en el período 1, y debemos esperar tres períodos para recuperar esa inversión; invertimos 29.200 en el período 2 y debemos esperar dos y tres períodos para recuperar esa inversión; invertimos 6.300 y debemos esperar dos períodos para recuperar esa inversión. Por cada período que se espera se genera una renta del 24% (la TIR) por cada peso invertido. Entonces, en el ejemplo, la TIR es del 24% por período. ¡Es brillante! ¿Por qué digo esto? Pues para la organización el costo del dinero es del 1% y la rentabilidad que se obtendrá por cada peso invertido en el proyecto es del 24% por período. Nuevamente: ¡es brillante la rentabilidad! Pero, ¿no habrá otra inversión mejor?

Las empresas establecen lo que se denomina una tasa de corte, esto es: la TIR mínima que deben producir los proyectos o inversiones para considerarlos posibles. Por debajo de esa tasa de corte, de esa TIR establecida, los proyectos no serán aprobados.

Mayor exposición de capital

Otro indicador a tener en cuenta es la mayor exposición de capital, que es la mayor cantidad de dinero que se deberá invertir en el proyecto, según el flujo previsto. Si no se tiene la capacidad de disponer de ese dinero, ya sea que lo tengamos o lo pidamos prestado, el proyecto no es para nosotros, no se podrá encarar.

Punto de equilibrio o break-even

Es el momento en el cual se ha recuperado toda la inversión realizada. En el ejemplo, el equilibrio ocurre en el mes 5, momento en el cual se ha recuperado toda la inversión.

¿El proyecto es "aprobable"?

Como vimos, esta es una primera versión del presupuesto. Si seguimos avanzado, debemos incluir el costo financiero de la inversión a realizar. Simple, agregamos como costo otra línea con el interés o costo financiero del capital necesario. Por supuesto, estamos aumentando el costo total, y cambiarán el van, la tir, y también puede modificarse el punto de equilibrio.

Además, si bien en el ejemplo no lo incluí, en el presupuesto deben agregarse las reservas gerenciales y de contingencia a riesgos, que comentamos cuando analizamos los riesgos del proyecto.

Ahora bien, vimos que el margen es de 36.200, el van es de 33.211, y la rentabilidad de la inversión, la tir, es del 24%. Digamos que es mayor a la tasa de corte establecida, pues de lo contrario no lo someteríamos a aprobación.

La pregunta que surge es: ¿tenemos la capacidad de conseguir el dinero necesario para afrontar el flujo negativo? ¿Podemos obtener el dinero necesario, el financiamiento hasta su mayor exposición de 38.500? ¿Podemos esperar para recuperar la inversión realizada hasta el período 5, que es cuando se alcanzará el punto de equilibrio?

Todo esto es materia de análisis y de decisión, incluso comparar la rentabilidad, la TIR de otras posibles inversiones. ¿En dónde se invierte? ¿En este proyecto o en otro que tiene mayor TIR? ¿El VAN es satisfactorio? ¿Los riesgos de cumplir el cronograma son tolerables? ¿El proyecto está alineado con algún objetivo estratégico de la organización que justifica la inversión? ¿El proyecto se ejecuta para cumplir una exigencia legal?

Estas consideraciones, y otras más, serán evaluadas en el proceso de aprobación del proyecto.

Aprobación del Plan del Proyecto - *Baseline*

En este último proceso, el Plan del Proyecto confeccionado según se describió más arriba, se analiza en detalle para decidir si se lo aprueba. En caso de que fuese denegado, todos los documentos elaborados serán archivados para otra oportunidad. En cambio, si el proyecto fuera aprobado se iniciará la ejecución del proyecto.

Observemos que el plan surge de un metodológico proceso para contemplar todos los elementos necesarios, para no omitir ningún aspecto. En función de su presentación y posibles cambios, se realizarán las modificaciones y los ajustes necesarios para su aprobación final.

Veamos aspectos a considerar para analizar la aprobación o no del plan.

Cada organización debería disponer de una acabada definición de objetivos globales y detallados a cumplir, y también de las consideraciones para aprobar un determinado proyecto, como ser:

* La exposición a riesgos está dentro de los valores aceptables.

* El proyecto está alineado con objetivos estratégicos definidos, o satisface normas legales o regulatorias impostergables.

* Se cuenta con los todos recursos según el cronograma, para su ejecución.

* El Plan se confeccionó siguiendo los procesos definidos.

* Se cuenta con el personal de conducción capacitado para la dirección y administración del proyecto.

* El cronograma es el más conveniente o es aceptable.

* Los aspectos económicos-financieros están dentro de valores establecidos.

La aprobación de la ejecución del proyecto debería realizarse contemplando si este satisface los criterios definidos.

Cada organización debe disponer, definido e implantado, un proceso para considerar propuestas de proyectos y evaluar su aprobación, considerando los diversos objetivos estratégicos de la organización, los objetivos anuales, y tener establecidos los niveles de autorizaciones y aprobaciones.

Como ya dijimos para los anteriores, este también es un proceso iterativo. Pueden surgir recomendaciones de ajustes o cambios, los cuales pueden ser para cada uno de los elementos del plan, como ser: cronograma, recursos a asignar, riesgos contemplados, fondos de contingencia, red del proyecto, requerimientos, etc.

Finalmente, con la aprobación del plan se constituye de la línea base del proyecto. Este *plan baseline* será la base para analizar en tiempo de ejecución posibles desvíos, y determinar acciones correctivas ante desvíos. Asimismo, servirá de elemento para realizar un detallado control de cambios durante las fases de ejecución y de seguimiento y control.

Disponer de un plan es saber adónde se quiere ir.

7

EJECUCIÓN

Llegó el tiempo de la realidad. Hasta aquí hemos estado pensando, reflexionando, imaginando, escribiendo, estimando, en fin, enunciando lo que planeábamos que iba a ocurrir.

Ahora ya está ocurriendo.

Simultáneamente a la ejecución del proyecto se monitorea y controla el avance. Son procesos que se alimentan uno con el otro. Es decir, ejecutamos, controlamos, hacemos ajustes, ejecutamos, controlamos, y así hasta terminar.

Aquí vamos a conversar de la ejecución. Este grupo de procesos incluyen aquellos orientados a motivar y posibilitar la correcta ejecución de las actividades planeadas e incluidas en el Plan de Proyecto aprobado. Los procesos de este grupo se realizan concomitantemente con los procesos de seguimiento y control, todos orientados a lograr el cumplimiento de los objetivos del proyecto.

Lo que menciono a continuación se refiere a las actividades que son responsabilidad del Gerente de Proyecto, las que son indelegables. En proyectos grandes y complejos se establece un cuerpo de conducción o gobierno del proyecto con el liderazgo del Gerente de Proyecto; entonces, en este caso, cada uno de los integrantes de ese cuerpo de gobierno tiene la responsabilidad de las acciones sobre las cuales vamos a conversar.

Estos procesos y actividades se refieren a la *conducción y administración de personas*, a la *gestión de las comunicaciones*, al *aseguramiento de la calidad*, y a las *adquisiciones*.

Actividades relativas a las personas

Son las actividades que administran el desempeño de las personas vinculadas al proyecto. Están agrupadas en los procesos de obtención del equipo del proyecto, desarrollo y gestión del equipo del proyecto, y administración de la participación de los *stakeholders*.

Obtención del equipo del proyecto

Es un tema más que relevante, pues el éxito que tenga el Gerente de Proyecto y su equipo se inicia en la selección del personal que constituirá el grupo de trabajo.

Según la organización puede ser que las personas asignadas al proyecto dependan totalmente del Gerente de Proyecto y estén abocadas a un único proyecto. Otras veces, y con mucha frecuencia, se encuentran designadas para desempeñarse en más de un proyecto y así dependen de distintos Gerentes de Proyecto, y a tiempo parcial. También, en un enfoque matricial, las personas dependen y pertenecen a algún área funcional de la organización y son asignadas temporalmente al proyecto, bajo la conducción del Gerente de Proyecto. Así, podemos seguir imaginando una mezcla de posibilidades que una determinada persona puede tener respecto a quién es su líder temporal o permanente, y si trabaja en un solo proyecto, o en varios.

Todo esto se debe claramente a que la cantidad de recursos humanos es limitada y en función de las prioridades

A QUÉ SE REFIERE LO RESALTADO EN ROJO

de la organización, de las tareas y el *expertise* que tengan, formarán parte de un equipo de proyecto o de varios, y por tiempo limitado.

Hemos comentado en el apartado titulado *Recursos humanos y organización* (pág. 82) que las personas del equipo de proyecto normalmente no dependen del Gerente de Proyecto, y por ende este tiene su autoridad al menos limitada.

Aquí surge la relevante necesidad de obtener la mejor gente posible, no solo por sus competencias técnicas, sino también por su capacidad para trabajar en equipo.

En el Plan del Proyecto se ha previsto la asignación de determinados roles, el momento en que debemos hacerlo, qué idoneidad deberían tener quienes se encarguen de la tarea, qué cantidad de cada uno; está todo definido en ese importante documento que es el plan.

Ahora, ya estamos en tiempo de la realidad, es cuando las cosas suceden. Y la realidad frecuentemente es más complicada de lo que imaginamos. La obtención de las personas necesarias es un proceso de negociación puro entre el Gerente de Proyecto, los líderes de las áreas en las cuales trabajan las personas requeridas, las personas mismas que deberán trabajar en el proyecto.

Si el proyecto es importante para la organización, y resulta interesante para las personas, quizás sea más fácil obtener la gente necesaria. Si, en cambio, el proyecto no es tan relevante o no es tan atractivo trabajar en él, el interés de la gente seguramente será menor. En definitiva, el arte de la negociación, la capacidad de persuasión, el respeto y prestigio que el Gerente de Proyecto tenga, serán elementos de gran ayuda para obtener la mejor gente posible. No dejemos de lado que la gente más calificada está siempre ocupada, los recursos son escasos en casi todo momento.

En la obtención del equipo, también se incluye la selección de personal externo; aquí aparecen otros procesos que las organizaciones tienen definidos, que son la búsqueda, evaluación y selección de personal externo, normalmente con la participación y ayuda del área de Recursos Humanos y consultoras externas. Para ello se deberán seguir las pautas fijadas por las políticas y prácticas internas y legales.

Recordemos que los equipos pueden ser remotos o virtuales; es decir, las personas están físicamente en lugares distantes unos de otros y además de manera temporal asignadas al proyecto. Las comunicaciones y reuniones se hacen por diversas vías de telecomunicaciones, teléfono, Internet, teleconferencias, y cualquier otro medio. Las personas muchas veces no se conocen, ni se ven la cara. Esto es un tema en sí mismo más que interesante, cómo lograr armar un equipo remoto comprometido con el proyecto.

El punto que quiero destacar y reiterar es que el Gerente de Proyecto debe enfocar este proceso como uno de negociación, de persuasión, de motivación, para ir constituyendo un verdadero equipo comprometido con el proyecto desde el inicio.

El secreto es el enfoque a las personas que el Gerente de Proyecto debe disponer, su capacidad de liderazgo, de persuasión, de motivación; siempre desde el inicio, desde que obtiene la gente para el proyecto.

Desde ahora, y con tiempo.

Desarrollo y gestión del equipo del proyecto

Este proceso está orientado a mejorar las competencias, posibilitar la interacción positiva de los miembros del equipo, construir y mantener el espíritu de equipo.

Esto tiene relevancia, más aún cuando el Gerente de Proyecto particularmente no siempre tiene una relación vertical con su equipo, la asignación y la relación de liderazgo es temporal.

Hoy en día la mayor parte de las relaciones son horizontales. Tengamos en cuenta lo que decía Peter Drucker[15]: "la gente de conducción tiene que esforzarse por aprender cómo manejar las relaciones en las que no está involucrado, es el principio de autoridad sin las órdenes".

Aquí la tarea del Gerente de Proyecto es amplia, pero siempre enfocada en la gente, en las personas. Un equipo de proyecto, comprometido y con deseos de alcanzar un alto desempeño se obtiene cuando sus integrantes disfrutan trabajar juntos, cumplen sus compromisos, observan, participan, y colaboran con los demás para alcanzar el objetivo común.

El rol del líder en este aspecto es determinante; es un imposible que un equipo alcance alto desempeño sin un líder con competencias de liderazgo positivo.

En síntesis, el Gerente de Proyecto debe disponer de habilidades para construir, retener, motivar, liderar e inspirar al equipo; asimismo, debe hacer el seguimiento de su desempeño, observar su funcionamiento, dedicarse a resolver los conflictos, no generarlos, y conversar cuantas veces sea necesario con su equipo. Vamos a referirnos a ello en el Capítulo III "Gerente de Proyecto".

Administración de la participación de los stakeholders

Ya hemos hablado sobre la importancia que tiene la comunicación en la calidad de las relaciones interpersonales que tengamos.

---

15. Drucker, Peter: *La gerencia*, El Ateneo, Buenos Aires, 1992.

En tiempo de ejecución es cuando logramos que todas aquellas personas, los actores, que tienen interés en el éxito del proyecto, contribuyan y apoyen ese logro. Y es cuando minimizamos o inhibimos las influencias negativas de los actores que no tienen interés, o desean que el proyecto fracase. Para ello, el Gerente de Proyecto debe estar permanentemente activo y dedicado a estos quehaceres, a conversar, y gestionar la participación y expectativas de todos.

Ocuparse de la participación y expectativas de los interesados incluye relacionarse permanentemente con ellos para lograr confirmaciones y aprobaciones, clarificaciones de cuestiones poco claras que podrían surgir, disminuir los temores o la resistencia a los cambios, pedir apoyo, informar los avances, los problemas, los riesgos. Siempre, tengamos en cuenta la estrategia de relacionamiento planeada cuando analizamos las características de cada uno de los interesados, su poder, su influencia, sus intereses. No agobiemos con detalles a una persona orientada a los resultados. No dejemos de lado a aquellos que tienen enorme interés en el proyecto.

La construcción de confianza, la resolución de conflictos, la negociación positiva, la escucha activa, la adaptación a las diversas situaciones, la negociación, la comunicación, todas son habilidades que el gerente debe estar desplegando efectivamente.

De nuevo, si no lo hace, nadie lo hará. Al proyecto lo conducirán diversos actores con intereses disímiles y los conflictos irresueltos estarán a la orden del día.

La administración de la participación incluye la gestión de los actores internos a la organización donde se ejecuta el proyecto, las distintas áreas involucradas en el proyecto, y de los externos, como ser proveedores, empleados de reparticiones gubernamentales, y los subcontratistas.

Todas estas acciones se han descrito y planeado en el Plan del Proyecto, como comentamos al confeccionar el plan.

Actividades relativas a las comunicaciones

Administración de las comunicaciones del proyecto

Cuando se esté ejecutando el proyecto se generarán diversas comunicaciones e informes de distinta índole, de avance, de situaciones a resolver, de desempeño del proyecto, minutas de reuniones, declaraciones de compromiso, etc.

En el Plan del Proyecto se han incluido los distintos tipos de comunicaciones que se utilizarán; ahora hay que hacerlas llegar oportunamente a todos los destinatarios. Recordemos que estas acciones se debieron incluir en la wbs; son tareas que deben estar claramente definidas y alguien tiene que estar asignado a realizarlas en este momento, durante la ejecución.

La distribución de toda la información a los actores se hace según los medios disponibles en la organización, como ser: bases de datos compartidas, e-mails, conferencias, reuniones, presentaciones, cartelera, teléfono, Internet, teleconferencias y cualquier otro medio disponible.

Actividades relativas a la calidad

Aseguramiento de calidad (quality assurance [QA])

Recordemos lo que expusimos con respecto a calidad cuando estábamos confeccionando el Plan del Proyecto: asegurar la calidad es realizar actividades planificadas y sistemáticas para comprobar que en la generación del producto o de los entregables se utilicen todos los procesos definidos, y analizar si esos procesos son adecuados o están dando resultados.

Dijimos, también, que controlar la calidad es verificar algo que ya se hizo para comprobar si cumple con los requerimientos definidos. Sucede después, es decir, hago y luego controlo. En cambio, en el aseguramiento voy verificando si en esa construcción del producto sigo los procesos definidos. Ocurre mientras o durante el proceso, por eso se dice que el aseguramiento de calidad es proactivo.

Entonces, durante la ejecución del proyecto, el personal de conducción y específicamente el Gerente de Proyecto deben ocuparse de lograr que se realicen las tareas de aseguramiento de calidad.

Podemos mencionar entre esas actividades las auditorías, que son reuniones estructuradas y formales, para determinar si las actividades que se están ejecutando en el proyecto cumplen con las políticas, procesos y procedimientos definidos de la organización y del proyecto.

Es preferible que las actividades de aseguramiento de calidad sean realizadas por especialistas en auditorías, independientes y externos al proyecto. Una de las herramientas muy útiles es la lista de chequeo (*checklist*), que está previamente definida en función de los procedimientos establecidos. El especialista la utiliza para verificar si las distintas personas del proyecto siguen o cumplen con las normas y procedimientos establecidos y verifica los desvíos, generando informes concretos en los que establece los desvíos y los motivos, y recomienda acciones específicas para corregir ese comportamiento. Asimismo, en esas auditorías se analiza si los procedimientos establecidos son eficaces, o generan inconvenientes en el proyecto, y deben ser ajustados.

Las auditorías de aseguramiento de calidad deben ser realizadas en fechas establecidas en el cronograma incluido en el Plan de Proyecto; es decir, todos deben conocer cuándo se realizarán y qué se espera de esas auditorías. Son reuniones para ayudar a que la gente del equipo pueda acercarse lo más posible a los procesos definidos que ayudan o minimizan los eventuales problemas de calidad en el proyecto. Son reuniones donde el especialista destaca las buenas prácticas empleadas y comparte su experiencia y conocimiento de proyectos similares.

De los informes de auditorías pueden surgir recomendaciones de cambios a procesos vigentes, iniciándose así el análisis de dichos procesos, la confección de los cambios y la implantación de los nuevos procesos.

Actividades relativas a las adquisiciones

Efectuar las adquisiciones

Incluye solicitar propuestas a oferentes, recibirlas y analizarlas; seleccionar la más conveniente; adjudicar, y firmar los contratos.

Hemos descrito estas actividades cuando conversamos sobre la confección del Plan del Proyecto. Como dijimos allí, la selección de subcontrataciones o adquisiciones claves o importantes del proyecto debería hacerse durante el planeamiento. Al ejecutar el proyecto, procederemos a efectuar las compras y contrataciones restantes. Los procesos y actividades para ello son las mismas que hemos establecido en *Adquisiciones*.

Hasta aquí fue una apretada síntesis de las actividades que se refieren a la conducción y administración de personas, a la gestión de las comunicaciones, y al aseguramiento de la calidad, que se realizan durante la ejecución del proyecto.

A continuación, haremos referencia a las actividades de monitoreo y control del proyecto, que se realizan simultáneamente con las actividades de ejecución.

8

MONITOREO Y CONTROL

Estos procesos incluyen observar cómo está el proyecto, cómo se está llevando a cabo la ejecución y, fundamentalmente, cómo se estima que se va a terminar el proyecto.

El control debe tener un enfoque integral, es decir, debe verificar el progreso del proyecto, ya sea lo que se ha hecho, como lo que se estima para terminar. Para eso, debemos considerar distintos aspectos, a los que haremos referencia a continuación.

Validación y control del avance de obra

Trata de la construcción de los distintos entregables, la recepción de los productos contratados, la generación de documentos. Para realizar correctamente esta validación del avance debemos disponer de una definición clara de lo que había que generar.

Ya conversamos sobre esto. Recordemos que es relevante tener bien definidos los requerimientos y los entregables que debemos generar. Si esta definición es ambigua, imprecisa, durante la ejecución y el control aparecerán las discrepancias de opiniones. El cliente espera algo distinto de lo que el equipo del proyecto fabricó. El entendimiento puede ser diverso, dependiendo de quién interpreta, y en este caso, el problema que aparece es que se fabricaron entregables que no satisfacen las expectativas del cliente o sus requerimientos. Redactar de manera bien detallada los requerimientos y posteriormente escribir la configuración de los entregables es la forma de establecer y acotar las expectativas.

Podemos argumentar que esto no es posible, que los clientes no definen bien lo que quieren, que por el tipo de producto a generar no se sabe bien hasta que el producto está listo, y allí podemos decidir si sirve o no, etc. El punto es que para poder realizar un control del avance y poder estimar cuándo terminará el proyecto, debemos tener claro qué fabricar. Si esto no es posible, deberíamos generar distintas fases o subproyectos de tal forma de tener acotado y definido qué elaborar y así poder realizar los controles pertinentes.

Control del cronograma

Se refiere a analizar en el momento que se hace el control si se cumplen las fechas planeadas, qué sucedió, y además, realizar las estimaciones de lo que falta con respecto a las actividades que restan hasta terminar el proyecto.

Se realizan aquí todos los ajustes al cronograma en función de los cambios y las nuevas estimaciones. De acuerdo a la ejecución de las actividades y la disponibilidad de recursos se ajustan los adelantos y retrasos de las actividades, es decir, cuándo comenzar y hasta cuándo hay tiempo para finalizarlas. Estos ajustes del cronograma pueden requerir la compresión de las actividades en las que sea preciso terminar antes de lo previsto.

En fin, además de verificar los desvíos, se hacen los ajustes al cronograma para reflejar las estimaciones de lo que falta realizar.

Control del presupuesto

Está referido a recolectar la información de todos los gastos, costos, pagos, facturas, cobros, para conocer qué ha pasado con respecto al dinero. ¿Se gastó más, o menos? ¿Cómo estamos en cuanto al presupuesto base hasta la fecha en la que estamos haciendo el control? Y además, qué se estima que ocurrirá con los egresos e ingresos de la parte faltante del proyecto. Al incluir la información de lo que pasó, más las estimaciones de lo que falta, tenemos una visión completa del presupuesto al momento de realizar el control.

Control de riesgos

Está abocado a la verificación de los riesgos que ocurrieron, los que habíamos previsto y no surgieron, los que sucedieron pero su impacto fue distinto al planeado, los que ocurrieron y no los teníamos previsto, y cuánto gastamos del fondo de contingencia planeado. Hasta aquí estamos hablando del pasado.

También debemos estimar, al momento de hacer el control, todos los riesgos que prevemos. Podemos ratificar los planeados, modificarlos, cambiar la estimación de la probabilidad de ocurrencia o del impacto, identificar nuevos, dar de baja algunos riesgos previstos que ahora estimamos no van a ocurrir.

Asimismo, se debe analizar la efectividad de los planes de contingencia para los riesgos ocurridos, la efectividad de las acciones de mitigación. Es decir, debemos verificar si aquellas que planificamos para resguardarnos están dando resultado, están resolviendo el problema que generó la ocurrencia del riesgo, o debemos corregir alguna acción, o directamente diseñar otras nuevas. También debemos analizar si las acciones de mitigación planeadas están aplacando la probabilidad de ocurrencia o el impacto, o debemos hacer algún ajuste.

En fin, además de leer lo que pasó, debemos realizar todo el ciclo de administración de riesgos hacia el futuro cada vez que hacemos el monitoreo y control del proyecto. En función de ello surge la necesidad de actualizar los planes de riesgos.

Control de calidad

Se realiza para verificar que las obras, los entregables generados, están cumpliendo los requerimientos de calidad definidos. Es identificar las fallas y los eventos o situaciones pendientes de resolución. Conocer las causas que producen la falla o la no satisfacción. Es recomendar las acciones pertinentes para resolver la no calidad.

Son varias las herramientas y técnicas disponibles para controlar la calidad. Hay mucha bibliografía y muy buena al respecto. Aquí solo menciono algunas de ellas:

- Diagramas de causa-efecto
- Gráficos de Pareto
- Gráficos de control
- Histogramas
- Inspecciones
- Diagramas de flujo
- Diagramas de dispersión
- Muestreo estadístico

Todas son útiles para verificar y registrar las fallas, para analizar sus causas, y ayudan a recomendar acciones correctivas.

Control de comunicaciones

Se refiere a monitorear y controlar que las comunicaciones producidas y planeadas están dando el resultado esperado de satisfacer las necesidades de comunicación e información de los *stakeholders* del proyecto.

Una fuerte recomendación es hacer un informe estructurado del estado del proyecto en una frecuencia establecida, que incluya lo hecho, la estimación de lo que falta y la comparación con el plan original o base.

Este enfoque integral del control del proyecto, como dijimos al principio de este capítulo, *leer lo hecho y permanentemente estimar lo que falta*, permite identificar: alertas tempranas sobre problemas, nuevos riesgos, y desvíos en cuanto a lo planificado. En función de la situación de avance, se identifican y recomiendan posibles acciones correctivas y preventivas.

Este seguimiento no se debiera hacer de manera desordenada ni improvisada, sino utilizando las métricas previamente definidas en el plan de comunicaciones incluido en el Plan de Proyecto aprobado.

Un detalle no menor: el control del proyecto no debe hacerse con opiniones; deben utilizarse elementos concretos, indicadores, métricas.

Las métricas vienen primero,
y luego las opiniones.

Métricas

Las métricas son indicadores que representan diferentes elementos o eventos. Son indispensables para medir el avance del proyecto. Las hay de distinta índole. Todas las métricas deben expresarse en un momento del tiempo, es decir, cada medición se hace o se estima en un tiempo determinado, y siempre deben indicar a qué tiempo se refieren.

Algunos ejemplos de métricas son: cantidad de equipos disponibles al día de hoy, longitud del camino realizado hasta fin del mes anterior, metros cuadrados de capa asfáltica que falta completar, cantidad de errores en un programa informático encontrados el viernes pasado, dinero pagado a proveedores en el mes anterior, fondo de contingencia gastado desde el inicio del proyecto hasta el último día hábil del mes anterior, costo previsto hoy para terminar el proyecto, cantidad de entregables aceptados por el cliente hasta ayer, desvío estimado hoy de la fecha prevista de terminación, impacto esperado de los riesgos previstos a la fecha del informe del mes pasado. Observemos que siempre está expresado el tiempo al cual se refieren.

Para hacer un efectivo y completo informe de estado del proyecto debemos incluir métricas que representen el estado del proyecto hasta la fecha del informe (el pasado), más lo que se estima que falta para terminar (la estimación del futuro), y todo lo comparamos con el plan base.

Las métricas deben representar al menos cinco rubros: el avance de obra, el tiempo, el dinero, la calidad y los riesgos. Quiero decir que los informes de estado del proyecto deben representar, al menos, estos cincos aspectos indicando para cada uno de ellos el estado de lo hecho hasta el momento del informe, y lo que se estima que falta para terminar.

Así tenemos una visión completa de lo que sucedió hasta la fecha del informe, lo que se estima que falta, y las diferencias con el plan original.

Además de los controles de avance del proyecto, debemos revisar los trabajos que nuestros contratistas están realizando para el proyecto, y estar ocupándonos de la participación de los actores.

Control de las adquisiciones

Es monitorear y controlar los trabajos, la recepción de los entregables y la gestión de eventuales cambios de las subcontrataciones. Este control del cumplimiento de las subcontrataciones implica necesariamente disponer, otra vez lo menciono, de un detallado conocimiento de lo que el contratista debe hacer para realizar la provisión que contratamos. Solo podemos llevar a cabo este monitoreo y control si tenemos una descripción del trabajo que el contratista debe hacer.

Por supuesto, es posible controlar que los productos que nos entregan funcionen correctamente como fue definido. Se realizan las pruebas correspondientes y, si son satisfactorias, se libera el pago. Esto es obvio quizás. El desafío aquí es que a veces no tenemos el conocimiento suficiente para verificar el avance de obra, y solo podemos controlar cuando el producto está terminado. Si funciona bien, bárbaro. Si no, debemos rechazarlo y pedir la reparación; cosa que se hace normalmente, y así se repite el ciclo de entrega, verificación, ajuste y recepción final.

Sin duda debemos efectuar este control, y debemos hacerlo bien. Pero, tengamos en cuenta que cuando el producto tiene fallas debe ser rehecho, y lleva tiempo. Podemos imaginar controles parciales más frecuentes a medida que el producto se va fabricando para minimizar el riesgo de encontrar las fallas al final, cuando haya sido terminado. Correcto, es una buena medida. Algunas veces puede hacerse, otras solo podemos controlar el funcionamiento recién cuando está finalizado; depende del tipo de producto.

Deberíamos tener la capacidad de ir verificando mientras el producto se está fabricando, siempre; no esperar hasta el final.

Una manera inteligente es lograr que el contratista nos cuente cómo va a administrar su trabajo, cuáles son las tareas que realizará, quiénes serán los encargados, cuál es el cronograma, y desde ya, cuál es el presupuesto, y cómo será la forma de pago. Observen que me estoy refiriendo a que nos debe dar, o pedirle, un plan de su proyecto. De esta forma, tenemos elementos para hacer un control más profesional, más exacto, en lugar de esperar al final, con la esperanza de que cumpla con lo prometido.

En síntesis, la mejor manera de administrar y controlar una subcontratación es disponer de un detallado plan que incluya las tareas, los recursos que utilizará para hacer esas tareas, el cronograma que está comprometido, el presupuesto, y también cuáles son los riesgos que ha previsto y qué acciones ejecutará para hacerles frente. En fin, la administración de subcontrataciones es mejor hacerla aplicando todas las prácticas de la dirección de proyectos que estamos conversando.

Control de la participación de los actores

El Gerente de Proyecto y su equipo de conducción deben controlar si la relación con los actores está funcionando de manera adecuada. Aquí es necesario dedicarse a analizar si la participación y el compromiso de los actores son los planeados, de lo contrario, inmediatamente habrá que realizar las acciones tendientes a conseguirlos.

También verificarán si han aparecido nuevos actores; si así fue, hay que analizarlos como se hizo en la etapa de iniciación y de planeamiento; se deben conocer sus características personales y profesionales, su poder, su influencia, su interés en el proyecto. Luego, se debe idear y planear la forma en la cual se gestionará su participación y lograr su compromiso con el proyecto.

Asimismo, se debe reevaluar a los actores que se habían identificado y analizado. En síntesis, permanentemente a lo largo del tiempo de ejecución y control se debe estar alerta y dedicado a lograr una efectiva participación necesaria y obtener el compromiso con el proyecto.

Control de cambios

Hemos conversado en extenso con respecto a que un proyecto debe tener un plan definido, en el cual se declara la finalización del proyecto, enunciando un conjunto de tareas que se realizarán, el uso de recursos, el cronograma, el presupuesto de egresos e ingresos, y otros compromisos.

Es frecuente y común que en tiempo de ejecución las cosas no sucedan como fue planeado. Aparecen tareas no previstas, requerimientos nuevos o cambios a los definidos, estimaciones distintas a las originales, cambios en el contexto. En fin, surge una serie de cambios al proyecto planeado.

Si estos cambios se hacen sin registro, sin someterlos a un control, el proyecto se hace de "chicle", y se pierde conocer el porqué de las nuevas tareas que se hacen, las razones de los mayores tiempos y costos insumidos.

Estas variaciones deben gestionarse con un proceso definido de control de cambios. Es decir, si se modifican las realidades con respecto a lo planeado debemos autorizar los cambios y, por consiguiente, el Plan del Proyecto.

Sintéticamente, un proceso de control de cambios incluye la formalización de:

- Solicitud de cambios y su circuito: quien quiera o necesite un cambio deberá confeccionar su solicitud y hacerla circular por los niveles definidos.

- Evaluación del impacto que ese cambio solicitado generará: debe estar definido quiénes analizarán el impacto que la modificación requerida puede provocar; el análisis incluye estimar el impacto en diversos aspectos del proyecto, como ser, el cronograma, los recursos, el presupuesto, los riesgos, los contratos, las actividades y los entregables.

- Aprobación: deberá estar definido quiénes tienen la autoridad para aprobar los cambios al Plan del Proyecto. Puede haber diferentes niveles de autorizaciones, según los impactos.

- Difusión a todos los actores del cambio aprobado: no olvidar esta acción de comunicar con celeridad la aprobación del cambio, para que la gente del proyecto y los *stakeholders* se enteren prontamente.

Entonces, para terminar, monitorear y controlar el proyecto es leer lo que ya ha ocurrido y estimar lo que falta. La estimación de lo que resta puede originar cambios o rectificaciones; si es así, se debe actualizar el plan de lo que falta. De esta manera, se puede disponer permanentemente de un plan actualizado del proyecto, realizando su debida difusión.

CONFIRMAR CAMBIOS HECHOS

9

CIERRE DEL PROYECTO

Esta etapa de proceso se refiere al cierre del proyecto o al de una fase de él, si este ha sido estructurado en varias fases. Incluye la obtención de la aceptación de los entregables generados por parte de los sectores que realizarán la operación de los mismos. Se realizará la transferencia de responsabilidad a ellos, y las tareas técnico-administrativas para cerrar el proyecto.

La aceptación de los entregables por parte del "cliente" que los recibirá implica la generación y confección de informes y documentos para lograr que el cliente se haga cargo de los productos (las actas de aceptación); esto significa demostrar concretamente que los entregables funcionan según los requerimientos definidos. Es aquí donde se verifica que esto suceda.

Resulta claro que si no tenemos bien documentados los requerimientos, en este momento pueden surgir un sinnúmero de diferencias de criterios, opiniones encontradas, discusiones. Pueden aparecer tareas adicionales no previstas, no planeadas.

Este proceso de cierre puede ser tan largo y difícil como pueda imaginarlo. Para proyectos complejos suele asignarse a un gerente de cierre de proyecto; son profesionales entrenados en estos menesteres, minuciosos, meticulosos, con orientación legal, y verifican los compromisos asumidos y cumplidos (o no) por el equipo del proyecto y los distintos actores.

Que este proceso de cierre no conlleve enorme cantidad de discusiones, problemas, diferencias, desvíos con respecto a lo planeado, depende fundamentalmente de la calidad de los documentos escritos en la definición de los requerimientos. Esto incluye mantener bien actualizados estos documentos con las distintas actualizaciones que debemos hacer, casi obsesivamente, cuando haya cambios al proyecto.

Analizamos esto cuando conversamos de los requerimientos del proyecto, y dijimos:

Si no sé qué debo resolver,
no sé qué solución fabricar.

En el cierre del proyecto es cuando se evidencia la necesidad, la conveniencia, la utilidad de haber definido bien los requerimientos. Tengamos en cuenta que nos damos cuenta de lo útil que era lo que ya no tenemos. Pero, ya es tarde. La fuerte recomendación es: definir bien concretamente cuáles son los requerimientos del proyecto bien temprano, cuando se está confeccionando el plan, no al final. Y luego realizar un formal control del proyecto.

Con la aceptación de los entregables, la responsabilidad de los mismos pasa al cliente, quien se hace cargo de su operación; la gente del proyecto, entonces, se dedica a realizar su cierre administrativo de acuerdo a los sistemas de administración vigentes en la organización, por ejemplo, el cierre de contratos con el cliente si los hubiera.

Asimismo, se realiza el cierre administrativo con proveedores, la aceptación de sus entregables, la liberación de pagos finales, la devolución de garantías, el cierre de contratos, el registro de desempeño del contratista, etc.

En este proceso de cierre también se confecciona un documento con las "lecciones aprendidas", el cual es un documento útil para tener como referencia en proyectos futuros. Esto es muy recomendable, pues con su confección enriquecemos y desarrollamos nuestra memoria, y la memoria de la organización, para estimar mejor cada vez. Se trata de registrar qué se hizo bien, y qué no.

10

RESUMEN

Una correcta conducción de un proyecto se realiza siguiendo procesos definidos, aplicando las mejores prácticas que han dado resultado en distintas industrias y proyectos, y sin duda alguna con la dirección de un líder competente.

Mencionamos seguidamente los estándares vigentes elaborados por el PMI:

- *A Guide to the Project Management Body of Knowledge (PMBOK® Guide)*

- *Construction Extension to PMBOK® Guide*

- *Practice Standard for Work Breakdown Structures*

- *Practice Standard for Earned Value Management*

- *Practice Standard for Project Configuration Management*

- *Practice Standard for Scheduling*

- *Practice Standard Project Risk Management*

- *The Standard for Project Portfolio Management*

- *The Standard for Program Management*

En la gestión del proyecto, en su planificación y en su control se administran lo que el PMI dio en llamar áreas de conocimientos. Estas son las de administración de: *alcance, tiempo, costos, calidad, recursos humanos, comunicaciones, riesgos, adquisiciones, interesados, e integración* (todas las áreas son administradas en forma integrada y simultánea).

Los grupos de procesos de la disciplina son:

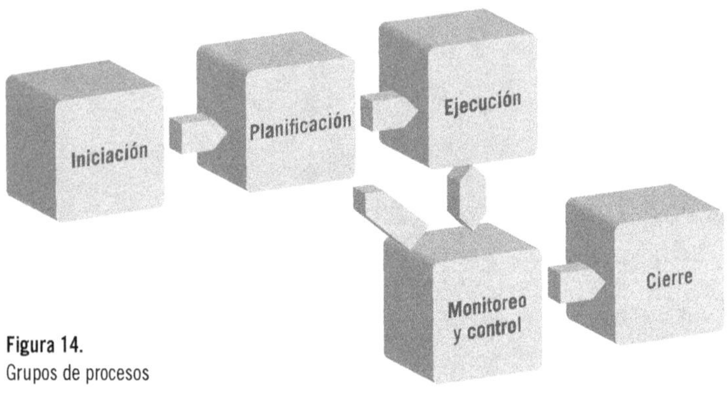

Figura 14.
Grupos de procesos

Sigue una apretada síntesis de las actividades que involucra cada uno de ellos.

Iniciación

Acta de constitución del proyecto (project charter)

Es un documento que formaliza la existencia del proyecto y quién está a cargo. Normalmente es emitido por el patrocinador del proyecto, y puede contener información que describe globalmente los objetivos que se persiguen con la ejecución del proyecto, como ser:

* Propósito del proyecto

* Requerimientos globales que se quieren resolver

* Fechas importantes o hitos en la ejecución

* Interesados relevantes

- Quién está a cargo del proyecto
- Patrocinador

Análisis de actores (stakeholders)

Se identifican todos los interesados-actores-*stakeholders* del proyecto que puedan tener interés en los resultados del mismo, y puedan influir positiva o negativamente en su ejecución.

Se analiza su influencia y posible intervención, principalmente en función de su poder e interés, generándose el registro de interesados.

Con dicha evaluación se inicia el delineando del plan de comunicaciones que se utilizará en tiempo de ejecución, a efectos de lograr la participación y compromiso de todos los actores del proyecto, potenciar su apoyo, y minimizar sus influencias negativas.

Planeamiento

Un Plan de Proyecto es un conjunto de documentos para realizar la gestión del proyecto. Sirve para conocer hacia dónde vamos o debemos ir, qué lograr con la ejecución del proyecto, cuáles son los desvíos en la ejecución, cómo y qué coordinaciones hay que hacer.

La generación de proyectos exitosos implica tener claro qué queremos lograr, qué hacer para lograrlo, quién va a hacer los trabajos, cómo nos relacionaremos y nos comunicaremos, cómo evaluaremos el estado de la ejecución del proyecto; además, saber cuándo hacer cada una de las tareas a realizar, y cuánto dinero necesitamos para realizar el proyecto.

Puede ser que un Plan de Proyecto ya exista, haya sido confeccionado con anterioridad en la aprobación del proyecto o en la propuesta a un cliente.

Si no existiera, se trabaja desde "cero"; si hubiese alguna versión, en esta etapa es *refinado* a efectos de tener un completo y detallado Plan del Proyecto, para su aprobación y constitución del *Baseline Plan*.

Para ello, para confeccionar el Plan del Proyecto desde "cero", o para refinarlo, es decir, incorporarle mayores detalles y precisiones, se realizan los siguientes procesos.

Requerimientos del proyecto

Se identificarán y documentarán los requerimientos-requisitos del proyecto, ya sean técnicos, de calidad, de normas de la industria, de regulaciones, legales, de normativas municipales o provinciales o nacionales, internas de la organización, etc.

Entregables

Se identificarán todos los entregables a generar-proveer, ya sean de obra, construcciones, documentos, infraestructura tecnológica, sistemas, equipos, entre otros. Esta identificación se debe hacer considerando que los requerimientos son satisfechos con entregables.

Factores de éxito

Se establecerá con los *stakeholders* principales cuándo y cómo se considerará exitoso el proyecto. Esto es a efectos de incluir en los planes de trabajo no solo todas las actividades para la construcción de los entregables, sino todas aquellas actividades necesarias para lograr el cumplimiento de dichos factores de éxito.

Tenerlos presente, determinar cómo se logran y enfocarse en hacerlos realidad es la caracteristica fundamental de una gestión de proyectos profesional y exitosa.

Supuestos

Todo aquello que no está incluido en el proyecto y se supone que ya existe, es previo o estará disponible para el proyecto. Estos supuestos ayudan a delimitar el proyecto, lo que no está incluido.

Limitaciones

Todo aquello que condiciona o restringe la ejecución del proyecto. Estas limitaciones (*constrains*) se enuncian para considerar las acciones específicas que se deben realizar, debido a su existencia. Si estas limitaciones no existieran, posiblemente el proyecto se realizaría con menos riesgos, menos costos, etc.

Work Breakdown Structure - Actividades

Se confecciona un detallado y completo desglose de las actividades o tareas a realizar en el proyecto. Es la base de estimaciones y controles posteriores.

Identificar las tareas es relevante en la planificación de un proyecto. Si no sabemos qué tareas son las necesarias, no les asignaremos tiempo en el cronograma, no estableceremos quién las va a hacer y no reservaremos el dinero para llevarlas a cabo. Solo porque no las hemos identificado.

Se incluye el diccionario de la WBS para aquellas actividades o paquetes de trabajo que lo ameriten.

Ver *Figura 3. WBS de 3 niveles*, página 64.

Secuencia-redes

Teniendo en cuenta la wbs confeccionada, y las actividades que surgen de ella, se comienza a establecer la secuencia, es decir, qué actividad hacer después de otra, cuáles deben estar completadas para iniciar nuevas, cuáles se pueden realizar en forma simultánea. Esto es armar la red del proyecto.

Se analizan las más convenientes secuencias de las actividades en función de limitaciones y preferencias, para iniciar la confección de las distintas redes por especialidad, por fases, por subcontratistas, o por entregables principales; confeccionándose así la red del cronograma.

Ver *Figura 7. Diagrama de precedencias,* página 74.

Estimaciones

Se realizarán las estimaciones de los recursos necesarios para llevar a cabo cada una de las actividades. Se estimarán los recursos humanos, los tecnológicos, los equipamientos, etc. Luego, se estimará la duración y los costos involucrados de cada una de las actividades.

Recursos humanos y organización del proyecto

En función de los *stakeholders* identificados, los integrantes del equipo del proyecto, el personal de los proveedores intervinientes, se confeccionan:

- *Project Organization Chart* (poc), estableciendo los distintos roles necesarios. Ver *Figura 8. Diagrama de la organización del proyecto,* página 85.

- *Responsibility Assignment Matrix* (RAM), cruzando el POC y la WBS para tener claro quién es responsable de qué. *Ver Figura 9. Matriz de asignación de responsabilidad,* página 86.

- *Organizational Breakdown Structure* (OBS) indicando las áreas involucradas en el proyecto y los trabajos que tienen a cargo. Ver *Figura 10. Estructura de desglose de la organización,* página 91.

Riesgos

Simultáneamente a la realización de los procesos descritos para la planificación del proyecto, se identifican los riesgos del proyecto.

Luego, según su probabilidad de ocurrencia y el impacto que producirían, se evalúan los riesgos identificados, y se analizan y estudian las respuestas para evitarlos, mitigarlos o transferirlos. Asimismo, se realizan los planes de contingencia de aquellos riesgos aceptados. Se completan así, la WBS, los recursos necesarios y las estimaciones de duración y costos.

Comunicaciones

Se confecciona un plan de comunicaciones identificando: tipo de comunicación e información, formato, destinatarios, medio, responsables de emitirla, frecuencia de generación.

Se incluyen las métricas a utilizar para realizar el seguimiento y control del proyecto.

Participación de los actores

Aquí se idea la forma de relacionamiento con los actores cuando se ejecute el proyecto, se planean las estrategias y acciones en función de las características personales y profesionales de cada actor; considerando su influencia e intereses.

Además de identificar quiénes son los actores y sus características, se establecen sus interrelaciones, sus requerimientos, el impacto que pueden generar en el proyecto, y el que el proyecto puede generarle a ellos, los requerimientos de comunicación, el tipo de información a hacerles llegar y la frecuencia, la posible superposición de autoridades con respecto al proyecto.

Todo ello para lograr que todos los actores tengan una participación e involucramiento efectivo en el proyecto.

Calidad

Se identifican todos los estándares de calidad que se deben satisfacer, ya sea los del producto, de normas internas, legales, municipales, etc. Con ellos se identificarán las tareas a realizar durante la ejecución y control del proyecto para lograr su cumplimiento. Se incorporarán las actividades correspondientes en la WBS, y por ende, en el cronograma, en el presupuesto.

Se considerarán las tareas inherentes al control de calidad (QC), y las de aseguramiento de calidad (QA). Las actividades de control están orientadas a verificar que las obras, los equipos, la tecnología, es decir, los entregables cumplen con los requerimientos de calidad definidos. Las tareas de aseguramiento de calidad están orientadas a verificar que se siguen los procesos definidos y están dando resultados.

Estas tareas de QC y QA se realizarán en las fases de ejecución y de seguimiento y control.

Adquisiciones

Se realizan las actividades para identificar los subcontratistas claves y se gestiona la obtención de los presupuestos detallados de las provisiones esenciales y sus contratos. Estos deben incluir, entre otros rubros, el detalle de las tareas a realizar y la forma de gestión para conducir y ejecutar sus trabajos y/o provisiones.

Con las contrataciones claves se debe avanzar lo más posible, incluso efectuarlas, firmar contratos, para estar asegurados.

Cronograma del proyecto

Una vez realizadas las acciones descritas se puede confeccionar el cronograma del proyecto. Surge, así, un cronograma de actividades completo y factible. Están previstos los recursos, las necesidades y los tiempos requeridos, así como también un análisis y evaluación de riesgos.

Ver *Figura 12. Cronograma,* página 124.

Presupuesto de ingresos y egresos

Se confecciona un presupuesto de costos detallado que surge de las actividades a realizar, de los costos estimados de los recursos humanos, materiales y otros, en función del cronograma. Se deben incluir los costos financieros y/o impositivos no deducibles que hubiera.

Se realiza, asimismo, el presupuesto de ingresos estimados del proyecto.

Para completar el análisis económico-financiero se calculan el flujo de fondos, el VAN, la TIR, la mayor exposición de capital, el punto de *break-even*, entre otros indicadores financieros.

Plan del Proyecto - Baseline

Se presentará el Plan del Proyecto confeccionado según se describió más arriba. Este Plan surge de un metodológico proceso para contemplar todos los elementos necesarios. En función de su presentación y posibles cambios, se realizan los cambios y los ajustes necesarios para su aprobación final.

Con su aprobación, se constituye de esta forma la línea base del proyecto. Este *Baseline Plan* es la base para analizar posibles desvíos, y determinar acciones correctivas ante desvíos. Asimismo, sirve de elemento para realizar un detallado control de cambios durante las fases de ejecución y de seguimiento y control.

Ejecución

Se ejecutan las actividades definidas en el Plan de Proyecto aprobado. Incluyen los procesos con sus actividades para:

- *Obtención del equipo del proyecto*, seleccionando el personal necesario según los roles y responsabilidades definidos en el plan.

- *Desarrollo y gestión del equipo del proyecto*, para asegurar su involucramiento, su compromiso y el desempeño requerido.

- *Administración de la participación e involucramiento de los actores o interesados*, para satisfacer sus expectativas, así como para lograr maximizar sus influencias positivas y minimizar sus influencias negativas.

- *Administración de las comunicaciones* y la generación y distribución de informes de progreso del proyecto, incluyendo el enfoque de lo hecho y lo que se estima que falta, y su comparación con el *Baseline Plan*.

- *Efectuar las adquisiciones*, incluyendo la preparación de la solicitud de propuestas y selección de proveedores. Recordemos que las contrataciones claves del proyecto deberían ser cerradas en tiempo de planeamiento.

- *Aseguramiento de calidad (QA)*, es decir, verificar si se están ejecutando los procesos definidos y si están dando resultados.

Seguimiento y control

En esta fase, se realizan las tareas de control del proyecto.

El control del proyecto tiene un enfoque integral, incluye verificar el progreso del proyecto hasta el momento en que se está haciendo el control, es decir, lo que se ha hecho, más estimar en ese momento lo que falta para terminar; considerando aspectos como:

- *Avance de obra:* es la verificación y validación de la construcción de los distintos entregables, la recepción de los productos contratados, la generación de documentos, etc.

- *Cronograma:* se refiere a analizar en el momento que se hace el control, el cumplimiento o no de las fechas planeadas, lo que pasó; y además, las fechas que en ese momento se estiman respecto a las actividades que restan hasta terminar el proyecto.

- *Presupuesto:* desvíos respecto al presupuesto *baseline*, tanto de ingresos como de egresos; siempre con las dos visiones: lo ocurrido hasta el momento del control y cómo estimar lo que falta.

- *Estado de riesgos:* verificar los riesgos ocurridos, los no ocurridos, los planeados, los no planeados, los nuevos riesgos identificados, la efectividad de los planes de contingencia para riesgos ocurridos, la efectividad de las acciones de mitigación, el fondo de contingencia, etc.

- *Calidad:* se refiere al control de calidad (QC); verificar si los entregables generados están cumpliendo los requerimientos de calidad previstos.

- *Adquisiciones:* monitorear y controlar los trabajos, la recepción de entregables y la gestión de eventuales cambios de las subcontrataciones.

- *Comunicaciones:* controlar que las comunicaciones producidas satisfacen las necesidades de los actores del proyecto.

- *Participación de los actores:* se refiere a controlar si la relación con los actores se está produciendo como se había planeado, si es necesario realizar acciones no planeadas para lograr la mejor participación e involucramiento de los actores para el éxito del proyecto.

Este enfoque integral, de lo hecho y de lo que falta, permite identificar alertas tempranas sobre problemas, nuevos riesgos, y desvíos respecto a lo planificado. En función de la situación de avance se identificarán y recomendarán las acciones correctivas y preventivas necesarias.

Este seguimiento se realiza utilizando métricas previamente definidas en el Plan de Proyecto aprobado. Se realizan las reuniones pertinentes para verificar el estado de cada uno de los aspectos del proyecto.

Simultáneamente, se realiza la actualización del plan respecto de lo que falta, para disponer de un plan actualizado del proyecto, realizando su debida difusión.

Control de cambios

Se prevé un proceso de gestión y control de cambios, que incluye la formalización de:

- Solicitud de cambios y su circuito.

- Evaluación del impacto que ese cambio solicitado generará.

- Aprobación de acuerdo al los niveles de autorizaciones que se definan.

- Difusión a todos los actores del cambio aprobado.

Cierre del proyecto o fase

Esta etapa del proceso se refiere al cierre del proyecto o al de una fase de él, si este ha sido estructurado en varias partes. Incluye la obtención de la aceptación de los entregables generados por parte de los sectores que realizarán la operación de los mismos. Se realizará la transferencia de responsabilidad a ellos y las tareas técnico-administrativas para cerrar el proyecto.

Se confecciona un documento con las "lecciones aprendidas". Es un documento útil para tener como referencia en proyectos futuros.

Incluye también el cierre administrativo con proveedores, aceptación de sus entregables, liberación de pagos, devolución de garantías, cierre de contratos, registro de desempeño del contratista.

Documentación y formularios a utilizar

El plan de comunicaciones del proyecto es un subconjunto del Plan del Proyecto. En él se establecen todos los tipos de documentos a utilizar para realizar toda clase de comunicación, como ser, estado del avance del proyecto, administración de riesgos, cronogramas, presupuestos, entre otros:

- Registro de interesados o *stakeholders* del proyecto.
- Enunciado del alcance del proyecto: requerimientos, entregables, factores de éxito del proyecto, supuestos, limitaciones.
- Registro de requerimientos.
- Registro de riesgos.
- Bases de estimaciones.
- *Project Organization Chart* (POC).
- *Responsibility Assignment Matrix* (RAM).
- Formulario control de cambios.
- Estado de avance del proyecto.
- Registro de temas pendientes.
- Distribución de comunicaciones.

11

COLOCAR ALGUN TITULO POR FAVOR

Aquí expongo una serie de dudas, preguntas, reclamos, propuestas, incertidumbres, y algunos conceptos y experiencias.

Me refiero a que no puedo aún comprender, y en algún aspecto aceptar, por qué estos temas que vamos a conversar no tienen suficiente entidad en nuestras acciones.

> *Postergamos, dejamos para "mejor momento" nuestra capacitación como líderes.*

Ser padres

No nos preparamos para ser padres, lo somos por acciones que nos convierten en tales. Luego de la concepción y el embarazo, nace nuestro hijo; deslumbrados lo observamos, es subyugante verlo moverse, llorar, reír, comunicarse con este mundo. Es una maravilla de la vida, de nuestra existencia.

Es muy raro que antes de ser padres alguien nos enseñe qué hacer para ser un buen padre, que tomemos un curso, una capacitación para poder guiar, apoyar, orientar, a nuestro hijo, a nosotros mismos. No nos preparamos más que intuitivamente, con la práctica, con la experiencia misma. Algunos lo hacen muy bien, otros no tanto, y otros bastante mal. El punto es que es infrecuente desarrollar las capacidades para comportarse como padres competentes. Y este rol es vital. A veces el cariño no alcanza, pues la torpeza en nuestras acciones es grande.

Estoy hablando como hombre, pues dicen que las mujeres tienen instinto maternal, y es fácil estar de acuerdo, ya que son ellas las que conviven y se dedican intensamente a su hijo, por varios meses, desde la concepción.

Debería ser posible, fácil, obligatorio, tomar conciencia del importante rol que tenemos y la enorme influencia que ejercemos. Sin duda, deberíamos entrenarnos, ocuparnos y desarrollar nuestras capacidades en ese aspecto, antes de "desempeñarnos" en ese rol. Y el entrenamiento, como en muchas otras actividades se obtiene con lectura calificada, mirar películas que tratan esos temas, asistir a cursos o seminarios o conferencias. No tengo información de que estos cursos existan a nivel masivo; sin embargo, creo que sí debieran existir.

En fin, dedicarse a ser competentes en el futuro rol que nos va a tocar desempeñar, es una necesidad, por no decir, una obligación.

Técnicos o líderes

Otra situación que quiero mencionar es el desarrollo de nuestras capacidades de liderazgo y las que corresponden a una tarea técnica.

Normalmente nuestros primeros empleos son tareas técnicas, como especialistas en el oficio o profesión que tengamos.

Me refiero, por ejemplo, que estudiamos ingeniería, obtenemos el primer empleo e iniciamos el desarrollo de nuestras competencias técnicas, las que corresponden a un ingeniero novel, y vamos adquiriendo experiencia y más conocimientos y más habilidades en el oficio, cada día con más *expertise,* con más pericia técnica. Si la orientación dentro de la ingeniería fuera la civil, se desarrollan las competencias, las habilidades que tienen que ver con el diseño de estructuras, la elaboración de planos, los cálculos de resistencia, el aprendizaje de una herramienta informática para realizar diseños y planos, etc.

Si la profesión fuera contabilidad, por lo general, nuestro primer empleo sería realizar las conciliaciones de cuentas, registro e imputaciones, confección de balances, entre otras tareas contables. Incrementamos nuestros conocimientos y desarrollamos las habilidades como contadores.

Sobreviene el liderazgo

En un determinado instante aparece la idea o el pensamiento de la oportunidad de conducir un grupo de personas, lo identificamos y nos mentalizamos para hacerlo, o, como me ocurrió a mí, un directivo de donde yo trabajaba me dijo: "Carlos, te propongo que te hagas cargo del sector Programación", así se llamaba el área formada por programadores de diferentes lenguajes informáticos. En ese momento, mi interés era desarrollarme y crecer en la carrera, había mejor remuneración, parecía atractivo, más poder, más nivel, más estatus. Acepté sin dudarlo.

Cuando asumí la responsabilidad, luego de que anunciaron mi nombramiento y me presentaron, empezó una nueva situación, no vivida, desconocida. Me parecía, y la mayoría de las veces era así, que cada uno hacía lo que quería, tenían diversos argumentos para explicar por qué no realizaban lo que hacía falta hacer, siempre había un motivo, o varios, que yo debía resolver, no era problema de ellos.

En muy pocos días, si bien había respeto, me llené de un sinnúmero de situaciones-problemas-cuestiones que debía solucionar. Y no podía, no entendía cómo hacerlo. Algunos de los programadores estaban motivados, pero se quejaban de que ellos eran siempre los que trabajaban y les asignaba más trabajo y los otros *la llevaban de arriba*. Bien, puedo enumerar muchas más situaciones, que quizás sean cercanas o conocidas.

Antes de hacerme cargo de ese nuevo puesto, me desempeñaba como *system programmer*, realizaba programación muy vinculada al sistema operativo de la computadora. Era una tarea técnica con bastante complejidad y se necesitaban buenos conocimientos y habilidades para lograr que el programa o rutina o sistema haga lo que yo quería, lo lograba. La máquina hacía lo que yo deseaba, no ocurría de primera, pero analizando lo que había escrito, y según como la máquina reaccionaba, cambiaba algunos comandos y probaba nuevamente, y así hasta lograr que el programa por fin funcionara bien, como yo quería, una y otra vez, siempre.

No ocurría lo mismo con la gente, conversaba y parecía que todo estaba bien, entendido, resuelto, y nuevamente aparecía el mismo tema o problema, y a veces agravado.

Las personas no me entendían, *no me hacían caso*, algunos eran muy eficientes, otros no obtenían resultados, otros se pasaban en reuniones conversando y sin avance en sus tareas, otros desaparecían por largo tiempo con el pretexto de visitar al usuario.

Esta es una experiencia como tantas. Empezamos a trabajar como líderes, como padres y no hemos adquirido las competencias necesarias. No estoy colocando al mismo nivel el liderazgo de grupos de personas con la paternidad; solo estoy diciendo que es frecuente encontrar personas que no se preparan para tareas o puestos que están alejados de los conocimientos técnicos, ni aún para ese relevante rol de padres.

Mi disconformidad con esto es que muchas veces no existe la toma de conciencia de que para ser líderes, deberíamos dedicarnos a desarrollar las competencias pertinentes. Deberíamos asistir a cursos, leer libros, artículos, etc., dedicarnos a aumentar nuestras habilidades. No tendríamos que hacerlo mientras nos estamos desempeñando como líderes, como padres. A veces es muy tarde. ¿Cuántas acciones hacemos los padres que luego del tiempo y con los resultados obtenidos nos damos cuenta qué incompetente fuimos en tal o cual circunstancia? ¿Cuántas acciones hacemos en el ejercicio del liderazgo que inhiben a las personas, que perturban al grupo, que generan problemas?

La pregunta es: ¿por qué no nos capacitamos antes? ¿Por qué no dedicar algo de tiempo a tomar contacto con lecturas, con cursos, con conferencias que tratan ese tema? Cuando pregunto a los alumnos en nuestros cursos si hicieron capacitaciones orientadas a la conducción, al liderazgo, la respuesta es, con mayor frecuencia de lo aconsejable "no"; y son personas que tienen cargos de conducción importantes en sus empresas.

Una explicación de por qué ocurre esto es que en las primeras tareas como líderes, seguimos desarrollando nuestras capacidades técnicas, pues cuando empezamos a liderar normalmente seguimos haciendo tareas técnicas en simultáneo a la de liderazgo.

Además, en los estudios universitarios, en general, no tenemos materias de conducción. No accedemos a cursos afines. Sí hacemos cursos técnicos. Con respecto a liderazgo, los hacemos si la empresa en la que trabajamos nos envía. También es más fácil obtener la aprobación del gasto para hacer un curso técnico que uno de liderazgo, de trabajo en equipo, de comunicaciones.

CONTROLAR

Hay muchas empresas que tienen completos programas de desarrollo de competencias bien estructurados, y el personal seleccionado accede a ellos. Si aún no ha sido asignado para asistir a ellos, comience usted mismo su capacitación. Si no pertenece a esas empresas, empiece con las actividades que hay en el mercado; una reflexión: averigüe y pida referencias para no perder su tiempo, asista a lo mejor. Es una importante y relevante preparación de la que estamos conversando.

El liderazgo requiere preparación, como casi todo.

Aprender a ser líderes

Primero, debemos aceptar sin duda alguna que son competencias que se deben desarrollar, no vienen solas. Desarrollarlas "haciendo" nos lleva más tiempo y cometemos enorme cantidad de errores, a veces irreparables. Cuando nos damos cuenta, es decir, escuchamos y comprendemos cómo debíamos haber actuado, es tarde, no hay remedio, el tiempo pasó y no podemos corregir, solo disculparnos o lamentarnos.

Nadie, o muy pocas personas responsables, aceptaría calcular y diseñar una estructura de un puente o de un edificio, si no está convencido que lo sabe hacer, que está calificado para hacerlo. Tampoco se dejaría operar por otra persona que no sea un médico cirujano.

¿Por qué esa creencia de que ser líderes se aprende liderando? Quizás alguno lo cree así, que haciendo se aprende; puede ser, pero con errores a veces irreparables, o al menos de una manera ineficiente.

Estamos entrando al meollo de la cuestión. La eficiencia es hacer algo con la menor cantidad de recursos. Simple.

El nivel de competencia que una persona tiene respecto a liderazgo está vinculado directamente con los resultados. No solo los del cumplimiento de objetivos, sino también de cómo resulta el desarrollo de la gente que nos acompaña.

Ya comenté que al inicio de nuestra carrera laboral somos técnicos y líderes a la vez, simultáneamente; quizás no tenemos bien claro la enorme diferencia en esos roles.

Este capítulo está dedicado a conversar respecto a cuál es el rol del Gerente de Proyecto, cuáles son las competencias que debe disponer, los conocimientos y habilidades.

Si ya es conductor o conductora de algún grupo, o quiere serlo, y luego de esta lectura se dedica a desarrollar sus competencias de liderazgo, para convertirse en un líder querido y efectivo, estaré feliz.

12

RESPONSABILIDAD DEL GERENTE DE PROYECTO

Podemos estar de acuerdo en que el gerente general de una organización es responsable de todo lo que ocurre en esa organización, de sus resultados.

El Gerente de Proyecto es responsable de esa empresa que dura un tiempo: el proyecto; de sus resultados, de todo lo que ocurre en el ciclo de vida del proyecto. Debe verse como una persona de negocios, independiente, autónoma, que conduce su propia compañía.

Este enfoque nos permite vislumbrar que quien conduce un proyecto tiene la totalidad de la responsabilidad del proyecto y, por lo tanto, debe poseer la autoridad necesaria. Aquí me remito a lo que conversamos al confeccionar el acta de constitución del proyecto: debe nominarse una persona a cargo; esto no debe ser ambiguo. Quien sea la cabeza del proyecto debe tener la autoridad para serlo, debe estar nombrada, designada.

Consideremos que autoridad es el derecho de utilizar los recursos de la organización para la ejecución del proyecto, tomar decisiones, firmar autorizaciones. Debe ser claro para todos quién es la persona que tiene esa autoridad.

Otro principio, con respecto a la conducción de un proyecto, es que debe ser una única persona quien esté al frente. Si el proyecto es grande puede haber varios líderes de grupos, líderes de disciplinas, líderes de subcontratistas, pero debe haber solo una persona con el rol de Gerente de Proyecto, que será responsable total del proyecto, será a quien reporten los líderes.

Para detallar algo más, menciono las funciones o responsabilidades que un Gerente de Proyecto tiene:

- Participar en la preparación de propuestas de proyectos para su aprobación, en negociaciones y en la realización de convenios con clientes.

- Construir o hacer construir una infraestructura de estándares, métodos, técnicas y herramientas para permitir a todos los miembros del proyecto producir resultados de calidad con alta productividad.

- Crear el Plan del Proyecto, los subplanes detallados y el *baseline* del proyecto.

- Seleccionar, liderar, apoyar y desarrollar el equipo del proyecto.

- Participar en las subcontrataciones para el proyecto.

- Rever el avance del proyecto y tomar acciones correctivas tempranas.

- Asegurar los entregables conforme a los estándares de calidad contratados.

- Administrar los cambios y asistir en la renegociación de contratos.

- Mantener una buena relación de negocios con el cliente.

- Desarrollar la comunicación interna y externa.

Esta enumeración es ilustrativa, y el Gerente de Proyecto estará involucrado directamente o logrará que estas actividades sean realizadas con su supervisión.

***Las tareas pueden delegarse, nunca se delega
la responsabilidad.***

13

COMPETENCIAS Y HABILIDADES

El Gerente de Proyecto debe ser competente, es decir, debe disponer de competencias adecuadas para el éxito del proyecto. Veamos con detenimiento esta declaración.

Consideremos primero que **competencia** es el conjunto de comportamientos, actitudes, habilidades y características personales que contribuyen a la mayor capacidad de una persona para conducir proyectos.

Según el *Project Manager Competency Development Framework* (*PMCD Framework*)[16], una publicación del PMI, el Gerente de Proyecto debe disponer de competencias de:

- **Conocimientos:** qué conoce respecto de la aplicación de los procesos, herramientas, y técnicas en las actividades de un proyecto.

- **Desempeño:** cómo aplica sus conocimientos de dirección de proyectos para cumplir con los objetivos del proyecto.

- **Personales:** cómo se comporta cuando ejecuta las actividades dentro del entorno del proyecto; sus actitudes, y características personales.

---

16. Project Management Institute: *Project Manager Competency Development (PMCD Framework)* – Second Edition, Newtown Square, PA, 2007.

- **Organizacionales:** qué conoce y aplica con respecto a los procesos, tecnología y cultura de la organización donde se desempeña.

- **De la industria:** qué sabe y pone en práctica sobre las regulaciones, usos y costumbre de la industria en la cual se desarrolla el proyecto.

Esto es un esquema que se puede tomar como referencia tanto para el desarrollo como para una evaluación de desempeño de un Gerente de Proyecto.

La competencia referida al *conocimiento* abarca prácticamente todos los temas que hemos tratado a lo largo de todo el libro, con respecto a los procesos, las técnicas, el contenido de los documentos, como ser el Plan del Proyecto, el de comunicaciones, cómo administrar riesgos, etc. Se refieren a conocer los procesos y técnicas.

Por su parte, la competencia referida al *desempeño* es la aplicación de esos conocimientos en el planeamiento, en la ejecución y en el control de un proyecto, para todas las áreas de conocimiento.

Particularmente me quiero referir aquí a las competencias *personales*. El *PMCD Framework* las agrupa en las competencias de *comunicación, liderazgo, gerenciamiento, capacidad cognitiva, efectividad* y *profesionalismo*.

Las presento; a continuación del enunciado de cada competencia se detallan las acciones o comportamientos que evidencian o demuestran que la persona la tiene; o dicho de otro modo, para ser competente en esa área, el Gerente de Proyecto debe evidenciar que realiza las acciones enumeradas y en qué grado. Veamos.

REVISAR

Comunicación

Intercambiar información correcta, apropiada y relevante con los actores del proyecto, utilizando métodos adecuados. Implica:

- Escuchar activamente, comprender y responder a los actores.

- Mantener las líneas de comunicación.

- Asegurar la calidad de la información.

- Adecuar la comunicación a la audiencia.

Es fácil decirlo, pero ¿cómo se hace?

En principio, realizando un plan escrito de comunicaciones, teniendo en cuenta las necesidades de los actores del proyecto y ejecutando ese plan, generar la información planeada, distribuirla oportunamente, verificar la comprensión. Además, y sin duda, disponiendo una desarrollada habilidad comunicacional.

La *habilidad comunicacional* del Gerente de Proyecto y su grupo de conducción es relevante para el éxito de un proyecto. Una comunicación abierta posibilita el espíritu y trabajo en equipo. Esta habilidad es crucial para mantener una relación efectiva con los actores del proyecto; es fundamental para la conducción de personas, para el liderazgo, para la motivación, para realizar efectivas y positivas negociaciones, para la solución de conflictos. En síntesis, esta es la base para todas las otras habilidades y competencias. Si fallamos en la comunicación, no obtendremos los resultados esperados. Es una habilidad vital para un conductor, o para aquellos que quieran serlo.

La comunicación tiene que ver con las conversaciones. Las conversaciones que mantenemos con los otros definen fundamentalmente nuestra relación con ellos. Es imposible mantener relaciones efectivas si no sostenemos conversaciones efectivas. Quizás esto pueda parecer muy elemental. Pero, con frecuencia no tenemos conciencia de que nuestras conversaciones afectan directamente a nuestras relaciones. Y las conversaciones las hacemos a través de nuestro lenguaje, el cual no es pasivo, sino que genera resultados, nos define.

La relevancia del lenguaje en la comunicación, y en la vida, es desmenuzada y descrita en *Ontología del lenguaje* por Rafael Echeverría[17]. Recomiendo esta lectura, no solo por lo que el autor allí comenta de la importancia del lenguaje en nuestro accionar, sino porque de una manera simple describe que cada uno de nosotros observamos la realidad según cómo somos, y nuestro lenguaje contribuye en el desarrollo de nuestras observaciones y comportamiento, y en cómo somos. Un mismo hecho es observado e interpretado de manera distinta por diferentes personas. Debemos conocer este concepto, y tenerlo en cuenta en nuestras conversaciones.

Cuando decimos "comunicación", nos referimos a conversación, a hablar y a escuchar, a interpretar realidades.

Y también están las conversaciones que mantenemos con nosotros mismos. Cuando decimos "estoy pensando", estamos conversando con nosotros mismos. Si estas conversaciones internas no son positivas, no mantendremos conversaciones positivas con los demás. La pasión y el entusiasmo en el proyecto se diluirán. Faltará el liderazgo.

---

17. Echeverría, Rafael: *Ontología del lenguaje,* Dolmen Ediciones/Ediciones Granica, Buenos Aires, 2001.

Liderazgo

Guiar, inspirar y motivar a los miembros del equipo, y a otros actores del proyecto, para gestionar y superar los asuntos relevantes, para alcanzar los objetivos del proyecto. Implica:

* Crear un ambiente de equipo que promueva el alto desempeño.

* Construir y mantener relaciones interpersonales efectivas.

* Motivar y guiar a los miembros del equipo de proyecto.

* Tomar la responsabilidad por la entrega del proyecto.

* Usar habilidades de influencia cuando sean necesarias.

Hay gran cantidad de material escrito sobre el liderazgo, y de excelente nivel. Muchos son los especialistas en el tema y muchos los ejemplos de liderazgo a lo largo de los tiempos.

Liderazgo es obtener resultados a través de la propia acción y de la acción de otras personas. En *Ontología del lenguaje*[18], Echeverría sostiene: "El líder participa en la invención de sí mismo, al hacer transforma el espacio social de su comunidad y genera un ámbito en el que, a su vez, otros acceden a nuevas formas de ser… Los líderes son los diseñadores de los estados de ánimo de sus comunidades. Son los que generan nuevos horizontes de acciones posibles a ejecutar".

---

18. Echeverría, Rafael: Op cit.

No puede haber liderazgo si no tenemos un objetivo definido y claro. Como dicen Paul J. Meyer y Randy Slechta[19] en *Los 5 pilares del liderazgo*: "La mera existencia de un plan de acción por escrito contribuye inmensurablemente a la efectividad de su liderazgo".

La pasión y el entusiasmo son contagiosos. Ayudan a generar un buen estado de ánimo colectivo. Con ellos el líder, el Gerente de Proyecto, puede implantar la visión, el compromiso con los objetivos del proyecto.

Liderar es también ocuparse de las personas, de que los miembros del equipo desarrollen sus habilidades y competencias. Es apoyar a que identifiquen su potencial y sus habilidades actuales. Es motivar para que quieran desarrollarse. Es inspirar a los otros a ser mejores. Es generar la confianza de que son capaces de hacer cosas sobresalientes.

Nelson Mandela dijo, según comenta Richard Stengel[20] en *El legado de Mandela*: "No hay que dirigirse al cerebro de la gente, sino al corazón". Y esto tiene que ver con las emociones, con la inteligencia emocional.

Gerenciamiento

Dirigir el proyecto a través del despliegue y uso adecuado de los recursos humanos, financieros, materiales, intelectuales e intangibles. Implica:

19. Meyer, Paul J., Slechta, Randy: *Los 5 pilares del liderazgo*, Editorial Peniel, Buenos Aires, 2003.
20. Stengel, Richard: *El legado de Mandela*, Grupo Editorial Planeta, Buenos Aires, 2011.

- Construir y mantener el equipo del proyecto.

- Planificar y dirigir de manera organizada para el éxito del proyecto.

- Resolver conflictos involucrando al equipo del proyecto u otros actores.

El *equipo de proyecto* está formado por individuos con diferentes circunstancias de vida, habilidades, necesidades e intereses. Además, normalmente, los equipos se forman con personas que no trabajan juntas, que se desconocen, o se conocen poco. Algunos integrantes participarán *part-time*, o por breve tiempo; otros estarán desde el inicio, otros llegarán cuando todo esté en marcha, y otros se irán antes de ver resultados. Si sumamos al equipo los actores con diversos intereses y poder, tenemos una visión más amplia de la capacidad de gerenciamiento que debe disponer el Gerente de Proyecto.

El *desarrollo del equipo* o *team building* es una obligación indelegable y esencial. Consideremos que los integrantes de un equipo efectivo:

- Comparten un objetivo.

- Disfrutan el hecho de trabajar juntos.

- Se comprometen con alcanzar las metas y objetivos del proyecto.

- Tienen distintas formaciones y experiencias y están concentrados en una meta común.

El desarrollo de un equipo efectivo no es algo que solo sucede, se debe lograr por medio de trabajo. El desarrollo del equipo se debe incorporar a las actividades de la vida diaria como son las reuniones, la asignación de tareas, el planeamiento, e incluso las charlas informales. Algunas consideraciones que contribuyen a formar y mantener un equipo cohesionado y comprometido:

- Comenzar temprano, no omita una buena reunión de lanzamiento.

- No detenerse, continuar con el desarrollo del equipo permanentemente.

- Reunir a las personas que tengan caracteres compatibles.

- Asegurarse de que nadie esté disconforme con el equipo. De haber alguien que no esté conforme hay que reconocerlo rápidamente y alejarlo del equipo.

- Asigne las tareas con claridad, nada es peor que el hecho de que la gente no sepa lo que se espera de ella.

- Tener el consenso general del equipo en las acciones más importantes.

- Recuerde que el Gerente de Proyecto es un ejemplo a seguir, practique lo que predica.

- El trabajo en equipo no se puede forzar, usted puede acercar el caballo al agua pero no puede obligarlo a beber.

- No dude en delegar, es la mejor manera de garantizar el compromiso.

- No intente manipular a los integrantes del equipo.

- Estudie y evalúe la evolución del equipo con regularidad.

- Esté al tanto de lo que sucede en el grupo y manténgase atento a los que perturban el trabajo en equipo.

- No tema pedir ayuda, consulte con un especialista en formación de equipos.

Nuevamente, la comunicación es vital. El trabajo en equipo no existe sin un buen vínculo de comunicación dentro y fuera de la organización del proyecto.

- Fomente una comunicación eficiente, interpersonal, recíproca.

- Inhiba o elimine a quienes bloquean la comunicación.

- Disponga de un *war room*, una sala de acceso solo para el equipo del proyecto.

- Realice reuniones efectivas.

- Sea accesible, honesto, cumpla sus promesas, esté cerca.

Con respecto a *planificar y dirigir* de manera organizada, ya hemos conversado en extenso sobre los beneficios de contar con un Plan de Proyecto y cómo hacerlo.

El buen uso del tiempo propio y de los demás es otro comportamiento necesario de un Gerente de Proyecto. Son muchas las causas que deberíamos evitar, o al menos ser conscientes de que generan pérdidas de tiempo y perturban una buena organización, y afectan la capacidad de dirección, como ser:

- Falta de un plan.

- Objetivos confusos.

- Tendencia a hacer varias cosas a la vez.

- Confusión en distribución de responsabilidades.

- Atención excesiva en detalles.

- Falta de comunicación (escuchar, decir, preguntar, etc.).
- Decisiones inseguras (marchas y contramarchas).
- Cansancio.
- Información incompleta.
- Falta de proactividad.
- Confundir lo urgente con lo importante.
- Exceso de compromisos ("complacer").
- Personal incompetente.
- No delegar, asumiendo uno todo el trabajo.
- Buscar la perfección con el beneficio es poco o inexistente ("ser perfecto").
- Revisiones innecesarias, sin agenda, sin objetivos, etc.
- Vocación por hacer el trabajo de otros ("complacer").

Algunos conceptos que pueden ayudar a estar organizado:

- La mayor parte de los problemas y de las pérdidas de tiempo surgen de actuar sin pensar.
- El buen uso del tiempo exige planear igualmente nuestro futuro mediato e inmediato.
- Las tareas que afrontamos no tienen la misma importancia.
- El tiempo disponible debe ser asignado en orden de prioridades.
- Disponer de tiempo libre para poder adaptarse a los imprevistos.

- Frecuentemente se crea tensión entre lo urgente y lo importante.

- La tiranía de lo urgente hace postergar los objetivos más importantes, olvidar las prioridades y responder en exceso a los problemas, como si todos fueran crisis.

- Hay problemas que tienden a solucionarse por sí solos. Saber identificarlos redunda en un ahorro de tiempo y esfuerzo (descuido calculado).

- El hábito de posponer acciones y decisiones es un modo común de perder no solo el tiempo, sino muchas oportunidades valiosas (procrastinar).

Respecto al *manejo de conflictos* podemos decir sin mucho error que es uno de los más grandes desafíos del Gerente de Proyecto. Sabemos que los conflictos son inevitables cuando hay dos o más personas. Sabemos también que con una sola hay conflictos, y muchos. Pero, estos últimos no son tema de este libro; comentaré algo con respecto a los conflictos que aparecen en un proyecto.

Estos acontecen por requerimientos ambiguos o incongruentes, roles ambiguos, intereses contrapuestos de los actores, recursos limitados, falta de tiempo, superposición de poder, cambios frecuentes, problemas de comunicación, conflictos previos irresueltos, múltiples jefes, prioridades del proyecto. Los conflictos pueden ser intragrupales (dentro de un grupo); intergrupales (entre diferentes grupos del proyecto); organizacionales (entre personas o grupos dentro de la organización); interorganizacionales (entre dos o más organizaciones).

Observemos que todos pueden acontecer en un proyecto: hay distintos grupos de trabajo por especialidad, hay personas que trabajan en el proyecto desde sus sectores funcionales; diversas empresas contratistas trabajando.

También existe el conflicto relacionado con la concentración de especialistas de distintas disciplinas en un grupo con cierta autonomía, con un tiempo limitado de existencia.

Siendo el conflicto algo inevitable es necesario examinar y comprender sus dinámicas para transformar los movimientos destructivos en opciones constructivas. Entre los métodos de resolución están:

- *Afrontar - solucionar el problema* (confrontation): se aborda el desacuerdo en forma directa y se lo trata como un problema a resolver. Se considera que este método es el mejor, pues ambas partes pueden salir beneficiadas por completo si trabajan conjuntamente para encontrar la solución que satisfaga sus necesidades.

- *Llegar a un acuerdo* (compromising): se consideran distintos enfoques, se proponen tratos, y se buscan soluciones que procuren satisfacer de alguna manera a las partes. Ninguna parte puede ganar, sino que las dos pueden obtener beneficios de la situación. Generalmente, se logra alguna forma de solución aceptable.

- *Forzar* (forcing): se impone un punto de vista a expensas de la otra parte. Se caracteriza por la aplicación del método ganar-perder. Este método debe utilizarse como último recurso ya que puede transformar los conflictos en antagonismos.

- *Apaciguar* (smoothing): se desacentúan las diferencias y se acentúan los puntos en común. Al apaciguar se logra crear un clima amigable; pero si se utiliza este método como el único o más importante para resolver conflictos, nunca se van a enfrentar las situaciones realmente. Así, este método solo apacigua temporalmente el problema, pero no lo resuelve.

- *Ceder o retirarse* (withdrawal): se cede ante desacuerdos o situaciones de conflicto. Este método solo es pertinente en ciertas situaciones. Por ejemplo, cuando se necesita un período de reflexión para ver la cosas desde otra perspectiva. Retirarse no soluciona el conflicto, pero calma la situación.

El Gerente de Proyecto debe resolver conflictos involucrando al equipo del proyecto y a otros actores, pues no tiene otra opción más que lidiar con altos niveles de conflicto. Pero, al comprender las fuentes de conflictos, el poder con el que cuenta para manejarlos, los métodos que puede aplicar, y los resultados posibles cuando los métodos se entrecruzan, el Gerente de Proyecto tiene las herramientas necesarias para enfrentar las situaciones que sin duda acontecen en un proyecto.

Capacidad cognitiva

Aplicar una profundidad de percepción, discernimiento y juicio para dirigir efectivamente un proyecto en un entorno cambiante y evolutivo. Implica:

- Tomar una visión holística del proyecto, no focalizarse en los detalles.

- Resolver las cuestiones relevantes y solucionar los problemas en forma efectiva.

- Usar apropiadamente herramientas y técnicas de Administración de Proyectos.

Tomar una *visión holística* del proyecto es comprender las necesidades, intereses e influencias de los actores del proyecto; comprender cómo las acciones que se realizan en algunas áreas del proyecto impactan a otras áreas del proyecto, a otros proyectos, y al entorno organizacional; es no quedarse en los detalles, pero no perderlos de vista; es comprender la estructura formal y la informal, y no despreciar esta última; es comprender la política de la organización.

Aquí es relevante el uso de la inteligencia emocional para comprender y explicar acciones pasadas y actitudes corrientes de los otros y para anticipar futuros comportamientos.

Resolver cuestiones y problemas implica simplificar las complejidades para un completo y ajustado análisis, aplicar lecciones aprendidas para resolver asuntos habituales, relacionar los asuntos relevantes, para comprender la imagen completa, observar discrepancias, tendencias e interrelaciones.

Edward De Bono[21], en *Seis sombreros para pensar*, brinda un método interesante y constructivo para analizar problemas y generar opciones, ayuda a la creatividad y a la búsqueda de opciones ocultas o impensadas.

Resolver cuestiones es solo no pensar y conversar, es pasar a la acción, es implementar lo resuelto. Aquí tenemos una cuestión importante a tener en cuenta. Es muy frecuente tomar decisiones y no implantarlas. El Gerente de Proyecto debe estar atento a que las decisiones pasen a la acción, no se queden en palabras, o en el aire de la reunión. De Bono[22], en *Seis calzados para la acción*, también describe un interesante método de abordaje para pasar a la acción.

21. De Bono, Edward: *Seis sombreros para pensar*, Ediciones Granica, Buenos Aires, 2006.
22. De Bono, Edward: *Seis calzados para la acción*, Ediciones Granica, Buenos Aires, 2008.

Efectividad

Producir resultados deseados al usar recursos, herramientas y técnicas apropiados, en todas las actividades de la administración del proyecto. Implica:

* Resolver los problemas del proyecto.

* Mantener el involucramiento, la motivación y el apoyo de los actores del proyecto.

* Adecuarse al ritmo necesario para satisfacer las necesidades del proyecto.

Hemos conversado con respecto a gestionar la participación de los actores en el proyecto. Recordemos que la base innegable es la comunicación, conversar, y escuchar, escuchar y escuchar. Y a no olvidarse de la política.

La *efectividad* tiene que ver con obtener resultados, o sea, terminar las cosas, completar completamente (permítanme la redundancia) algo. Es frecuente observar que no terminamos las cosas, quedan a "medio hacer". El Gerente de Proyecto debe tener una fuerte orientación a completar las cosas, a obtener resultados. Si no terminamos las cosas, no somos efectivos, pues siempre falta algo que haremos después, y a veces nunca. Definido el resultado deseado, planeado, debemos identificar cómo lograr ese resultado, qué acciones ejecutar, y luego ejecutarlas; si no alcanzaron, debemos identificar las que falta, hacerlas y terminar, completar lo que se ha planeado y producir el resultado, no hacerlo más o menos, o *prácticamente* todo.

La *adaptación al cambio* es una habilidad que permite al Gerente de Proyecto adecuarse para minimizar los impactos adversos. La flexibilidad hacia los cambios permite adoptar acciones positivas para vislumbrar oportunidades o para resolver problemas.

Asimismo, *tomar la iniciativa* asumiendo riesgos calculados, tomar decisiones oportunas sobre la base de hechos concretos, contribuye a una mayor efectividad.

Profesionalismo

Tener un comportamiento ético gobernado por responsabilidad, respeto, corrección y honestidad, en la gestión del proyecto.

- Demostrar compromiso con el proyecto.

- Operar con integridad.

- Manejar la adversidad personal y del equipo en una manera adecuada.

- Gestionar un grupo de trabajo diverso.

- Resolver los asuntos importantes individuales y organizacionales con objetividad.

Primero hay que *comprender la misión y los objetivos* del proyecto. Luego hay que hacerlo interno. Estar convencido y comprometido con el proyecto. No se puede estar ausente o desganado, se debe estar activo.

Integridad se refiere a respetar y adherir a todos los requerimientos legales, mantener y respetar la confidencialidad de la información sensible, respetar la propiedad intelectual de otros, respetar a los demás. Ser veraz y respetuoso del código de ética de la propia profesión.

Manejar la adversidad significa "no perder los estribos". Se refiere a mantener el autocontrol en todas las situaciones y responder con calma, aceptar explícitamente la responsabilidad ante las fallas, y aprender de los errores.

La *gestión de grupos de trabajo* diversos implica desarrollar la confianza y el respeto por las diferencias. Podemos mencionar los principios de igualdad y de equidad. El primero se refiere a tratar a todos de la misma manera respetando las diferencias étnicas y de religión, cultura, situación económico-social, sexo, etc. El principio de equidad se refiere a tratar a cada una de las personas según su contribución respetando el mérito ganado según su efectividad.

Estas competencias personales tienen que ver con cómo el Gerente de Proyecto se relaciona consigo mismo, con su equipo y con los actores del proyecto. Son las competencias blandas. La denominación de "blandas" es contradictoria, pues son las más duras y complejas de cambiar o desarrollar. Son las que están relacionadas fuertemente con cómo nos relacionamos con el ambiente, con el mundo.

Volveré sobre este tema, antes veamos otras consideraciones a tener en cuenta.

Características y habilidades de un Gerente de Proyecto

Podemos sintetizar que las características principales de un gerente exitoso son compromiso, autoestima, capacidad de entender que, por encima de todo, un componente que hace y deshace un proyecto es el equipo de trabajo, son las personas.

El Gerente de Proyecto exitoso entiende que la gerencia de proyectos es el arte de identificar a las personas correctas, personas abiertas que tengan compromiso y estén orientadas a los resultados del equipo del proyecto, enfocado en el cliente.

El Gerente de Proyecto debe formar el equipo. Convertir un grupo en un equipo. Algunas tareas que no se deben dejar de hacer para "generar" un equipo:

- Establecer las reglas.
- Crear el ambiente.
- Explicar el plan.
- Definir estándares.
- Comprometer a los miembros.
- Convencer.
- Presentar el desafío.
- Apoyar para alcanzar las expectativas.
- Ceñirse a los estándares.
- Eliminar los obstáculos.
- Mostrar los éxitos.
- Tener reuniones periódicas del equipo.
- Respetar a los miembros del equipo.
- Nunca comprometer a su equipo sin su consentimiento.

La adecuada convivencia con la ambigüedad es otra de las características importantes en un proyecto. Quien dirige debe tener la capacidad de ver el todo y prestar atención a los detalles, ser firme y flexible, disponer de capacidad analítica e intuición.

Parece que nos estamos refiriendo a una persona con poderes especiales, sobrenaturales, raros, no frecuentes, pero no es así.

Recordemos lo que expusimos al principio, queremos dirigir proyectos exitosos, lograr los objetivos. Para ello, además de una metodología de trabajo clara, necesitamos conducir personas que realicen sus tareas, satisfacer las expectativas de la gente relacionada con el proyecto, persuadir, enrolar, motivar, incentivar, reconocer a la gente. Y también debemos dirigirnos a nosotros mismos.

Tengamos en cuenta que:

Dirigir proyectos es una profesión
orientada a las personas, comenzando por uno mismo.

Desarrollo de las habilidades personales

Muchos sabemos cuánto cuesta lograr la silueta deseada, con músculos desarrollados, solo logrados luego de tiempo dedicado a trabajarlos, a realizar las rutinas de ejercicios, una y otra vez, repetidamente.

Desarrollar nuestro estado atlético lleva tiempo y esfuerzo; cambiar nuestros comportamientos para hacerlos mucho más positivos y convertirnos un líderes queridos no implica menos dedicación.

Debemos identificar cuáles son las competencias necesarias, tomar conciencia de las que nos faltan, y dedicarnos a desarrollarlas, sin dilación, ni timidez.

Digo sin dilación, sin demora, pues nuestros comportamientos, la forma en que nos relacionamos, las observaciones e interpretaciones que hacemos del mundo en el cual estamos, están influenciadas por nuestros paradigmas, nuestras creencias, nuestro conocimiento y experiencias vividas. Y cuesta cambiarlo, a veces con mucho esfuerzo.

¿Qué debemos cambiar? ¿Qué debemos desarrollar para ejercer un liderazgo efectivo, para dirigir proyectos exitosos?

Brecha del aprendizaje

Tomar conciencia primero, esto es impostergable. No podemos ignorar cómo somos. Luego viene el desarrollo.

Esto es el principio del aprendizaje, conocer cuáles son las capacidades actuales, establecer las capacidades deseadas. Tomar conciencia de la brecha existente.

Puede ser bien comprendido y aceptado por la mayoría de las personas, si nos referimos a saber utilizar una determinada herramienta, por ejemplo, un *software* de planilla de cálculo. Es fácil que las personas identifiquen qué saben de esa herramienta y qué quisieran aprender.

¿Ocurre lo mismo con las competencias personales? ¿Nos autoindagamos acerca de cuánto nos falta aprender respecto a las competencias personales? ¿Recibimos o pedimos información sobre qué opinan de nosotros los otros?

Neuromanagement

Néstor Braidot[23] introduce, en *Neuromanagement,* la vinculación sinérgica entre la neurociencia y la teoría del management.

---

23. Braidot, Néstor: *Neuromanagement,* Ediciones Granica, Buenos Aires, 2011.

Comento seguidamente algunos conceptos extraídos de ese libro, que quiero destacar.

Con el avance de la tecnología y de la medicina, específicamente de las neurociencias, el conocimiento sobre las estructuras, células y mecanismos del cerebro creció a un ritmo exponencial, y se sabe mucho más del funcionamiento del cerebro y de la vinculación que los procesos neurológicos, que incluyen las emociones, tienen con la toma de decisiones y la gestión de personas.

"Las nuevas competencias no están afuera, sino dentro de cada uno de nosotros." Quizás haya escuchado esta afirmación más de una vez, todo está dentro nuestro, todo empieza desde uno.

Este autor describe que en el cerebro humano se han superpuesto progresivamente tres niveles que funcionan interconectados: el sistema reptiliano (instintivo), el límbico (emocional) y el córtex (cerebro pensante).

El reptiliano es un cerebro funcional, responsable de conservar la vida. Allí se procesan funciones relativas al comportamiento rutinario y los hábitos. Al sistema límbico se le atribuyen los deseos y sentimientos y la capacidad de traer el pasado hacia el presente (aspecto clave en el aprendizaje y la memoria emocional), y el control de la vida emotiva. El córtex, por su parte, es la sede del pensamiento y de las funciones cognitivas, como el razonamiento abstracto y el lenguaje. Allí se interpreta lo que percibimos a través de los sentidos y añade a nuestros sentimientos lo que "pensamos" sobre ellos. También se ocupa de las habilidades para elaborar estrategias y planes, la elaboración del yo, la conciencia de nosotros mismos, de nuestras emociones y de nuestro entorno.

Como seres vivos, nacemos, crecemos, aprendemos y actuamos dentro de un entorno en el cual intercambiamos no solo materia, como ocurre cuando nos alimentamos, sino también energía e información.

Las sensaciones que experimentamos en este proceso de intercambio –ver, oír, tocar, oler y saborear– son el resultado de la interacción de millones de células nerviosas que reciben y envían mensajes a lo largo de una enorme cantidad de redes neuronales.

Como estos procesos son estrictamente individuales, los significados que les otorgamos a los objetos (por ejemplo, los beneficios que recibimos de un producto) y a los hechos (por ejemplo, a la lectura de un informe a partir del cual debemos tomar una decisión) están teñidos no solo por nuestra percepción, sino también de nuestros mapas mentales que hemos construido y seguimos construyendo como resultado del aprendizaje y la experiencia.

Esto, sumado a un conjunto de filtros de diferentes naturalezas, hacen que las estimulaciones que recibe nuestro cerebro influyan de manera distinta en el procesamiento de información y, consecuentemente, en la conducta y las decisiones.

Lo que percibimos como realidad es, simplemente, una interpretación sensorial, personal, de una parte de la realidad, y esto se debe a la presencia de filtros que actúan en diferentes niveles.

Se sabe que existe una correlación positiva entre pensamiento y sentimientos. Se trata de una dialéctica, una interacción permanente, un ida y vuelta en el cual los sentimientos afectan a los pensamientos y, a su vez, los pensamientos influyen y determinan cómo nos sentimos.

Si bien aún no se sabe a ciencia cierta cuáles son los factores que determinan la inteligencia de un individuo, hay coincidencias que pueden agruparse en cuatro grupos: *anatómicos, genéticos, ambientales y emocionales.*

Por otro lado, Howard Gardner elaboró su teoría sobre la existencia de diferentes tipos de inteligencia que se manifiestan en las formas de comportamiento: la lingüística, la lógico-matemática, la corporal-cenestésica, la musical, la espacial, la naturalista, la intrapersonal, la interpersonal y la espiritual.

Cada ser humano tiene su propia "mezcla" de inteligencias y esto lo lleva a adquirir una idiosincrasia singular.

El sentir y pensar son dos sistemas interactivos que se alimentan mutuamente, y más de una vez son las emociones las que crean nuestros pensamientos y determinan nuestra conducta. Las mejores decisiones no proceden de la mente racional, sino de la intuitiva, la emocional.

Inteligencia emocional

Daniel Goleman[24] pone a las emociones en el centro de las necesidades de la vida cotidiana. Sus exposiciones en *inteligencia emocional* son un completo compendio de la influencia significativa de esta capacidad en la vida misma y específicamente en las competencias personales que nos permiten relacionarnos y ser un Gerente de Proyectos exitoso, ser alguien que genera lo necesario para lograr los objetivos, y ser querido.

> *Los factores neurológicos intervienen en el talento básico para vivir, la inteligencia emocional, el ser capaz de refrendar el impulso emocional, de interpretar los sentimientos más íntimos del otro, de manejar las relaciones de una manera fluida.*

Un Gerente de Proyecto debe ocuparse de las personas. es absolutamente necesario que existan habilidades

---

24. Braidot, Néstor: *Neuromanagement,* Ediciones Granica, Buenos Aires, 2011.

interpersonales bien desarrolladas. Si releemos las competencias personales del *PMCD Framework* que enunciamos antes, veremos que prácticamente todo tiene que ver con cómo nos relacionamos con las personas y con nosotros mismos.

Las emociones, el estado de ánimo, las conversaciones influyen sobre nuestras relaciones interpersonales, por no decir que las determinan. ¿Cómo poder ser un buen líder, cómo lograr buenas y productivas relaciones con nuestro equipo de proyecto y con los interesados o actores del proyecto si no tenemos buenas relaciones interpersonales? Goleman describe cinco esferas de la inteligencia emocional: conocer las propias emociones, manejar las emociones, la automotivación, la capacidad de reconocer las emociones en los demás y el manejo de la relaciones. "El arte de las relaciones es, en gran medida, la habilidad de manejar las emociones de los demás. La competencia y las habilidades específicas que esto supone, son las habilidades que rodean la popularidad, el liderazgo y la eficacia interpersonal".

Atender lo importante

El desarrollo como Gerente de Proyecto se dará en tanto y en cuanto se tome conciencia de qué competencias uno dispone, comprender dónde se quiere llegar (por ejemplo, un alto nivel de las competencias personales enunciadas), realizar luego acciones de aprendizaje y desarrollo de lo que falta.

Estamos hablando de una persona que dirige proyectos y logra los objetivos, genera proyectos exitosos.

No hay que dejar, entonces, para después las competencias personales, o creer que vendrán solas. Todas tienen que ver con qué tipo de persona somos, cómo nos relacionamos con nosotros mismos, cómo nos vinculamos con los demás y con el mundo.

Qué hay en las competencias personales:

- Comunicación: escuchar, escuchar y escuchar, comprender, responder.

- Liderazgo: guiar, inspirar, influir.

- Gerenciamiento: generación de equipo, resolución de conflictos.

- Capacidad cognitiva: percepción, discernimiento, visión holística.

- Efectividad: motivación, entusiasmo, apoyo.

- Profesionalismo: compromiso, integridad, respeto, positivismo.

Un largo camino empieza con el primer paso,
solo es necesario empezar.

14

QUÉ PEDIR Y CÓMO APROBAR PROYECTOS

Una de las incertidumbres de un *directivo* es si vale la pena ejecutar el proyecto que se le presenta o no.

- ¿Conviene aprobarlo o pedir más información?

- ¿Se lo aprueba, con la esperanza de que no pasará lo mismo de siempre, que se producen muchos atrasos, por una u otra razón?

- ¿No será más conveniente esperar para cuando estemos mejor?

- ¿No nos estamos complicando la vida al encarar este proyecto?

- ¿Cómo puedo evitar que luego me traigan un sinnúmero de motivos por los cuales no se han cumplido los objetivos?

La respuesta inmediata que debería surgir, si has tenido la paciencia o el entusiasmo, o ambos, de leer este libro que ya está terminando, es:

¡Analiza y aprueba en función de un Plan de Proyecto!
Pedir un Plan de Proyecto es obligatorio.
Sin un plan completo,
estamos aprobando buenas intenciones.

Remito a lo que hemos conversado en extenso con respecto a las bondades, ventajas y beneficios que se obtiene al disponer de un completo Plan de Proyecto. ¡No empecemos nuevamente con que es difícil de implementar! ¡Es imprescindible hacerlo, y bien! Ya hablamos de esto.

La aprobación debe hacerse con un Plan de Proyecto bien elaborado, teniendo en cuenta las consideraciones que hemos analizado en todo el libro, y resumido al final de la Parte II.

Solicitar un plan es pedir que las personas propongan cosas posibles, deben estar en condiciones de demostrar lo que prometen, tienen que haberse dedicado a reflexionar y considerar lo que implicará ejecutar el proyecto. Y esto se hace con un plan confeccionado, como hemos conversado ampliamente.

A no olvidar, el Plan de Proyecto debe incluir las respuestas de, al menos:

- Qué tareas hay que hacer.

- Quién las va a hacer.

- Cómo se relacionarán los actores, cómo controlaremos el avance.

- Cuándo hay que hacer cada tarea.

- Cuánto dinero necesitamos.

Con la información incluida en el plan debemos verificar qué grado de cumplimiento o adherencia tiene el proyecto en cuanto a determinadas consideraciones y características, para proceder a su aprobación. ¿Está alineado con objetivos mayores? De lo contrario, dejémoslo para más adelante.

Una lista de chequeo ayuda mucho para tomar la decisión de aprobarlo o no. Esta lista debería ser previamente confeccionada en función de los objetivos estratégicos y anuales que la organización tiene. Entonces, por cada proyecto con su plan presentado para su aprobación, se verificaría cuánto satisface el proyecto cada uno de los ítems de esa lista. También se puede dar un puntaje de adherencia a esos ítems, y así cuantificar y poder comparar entre distintos proyectos presentados para su aprobación.

Algunos ejemplos de ítems a incluir en la lista de chequeo son:

* ¿El proyecto es un requerimiento legal o regulatorio impostergable?

* ¿Cuáles de los objetivos de la organización busca satisfacer?

* ¿Qué grado de adherencia tiene el proyecto en resolver o alcanzar algún objetivo de la organización?

* ¿El Plan del Proyecto confeccionado responde las cinco preguntas: qué, quién, cómo, cuándo, cuánto?

* ¿Estarán disponibles los individuos idóneos para ejecutar este proyecto?

* ¿Tenemos identificada una persona con las competencias para dirigir el proyecto, y estará disponible para hacerlo?

* ¿Están identificados los subcontratistas necesarios?

* ¿Los subcontratistas estarán disponibles en tiempo de ejecución?

* ¿Los riesgos previstos en el plan son tolerables?

* ¿Tendremos los fondos disponibles para el flujo de fondos negativo que presenta el presupuesto del proyecto?

- ¿Son razonables y convenientes: la TIR, el VAN, el punto de equilibrio, la mayor exposición?

- ¿El patrocinador del proyecto está comprometido concretamente con el plan?

- ¿Se hizo un análisis detallado de los actores?

La aprobación de proyectos es un asunto que debería encararse con rigurosidad. Son muchos los que se ejecutan en una organización por decisión de quien tiene poder suficiente para aprobarlos, pero no están orientados a satisfacer ningún objetivo de la organización. Se pierde tiempo y recursos. El problema principal es que se utilizan recursos de forma inefectiva.

En síntesis, la aprobación de un proyecto debería hacerse con un plan confeccionado y analizado que nos permita saber si satisface y en qué grado cada uno de los ítems de la lista de chequeo realizada en función de los objetivos estratégicos de la organización. Esto es realizar una administración profesional del portfolio de proyecto de la organización; o dicho de otra manera, del *Project Portfolio Management*. Este es otro de los estándares del PMI.

15

CONCLUSIONES Y MENSAJES

Situación actual de la profesión

- La profesión de dirección de proyectos (*project management*) ha hecho grandes avances, especialmente en los últimos años, y los líderes de proyecto están recibiendo más visibilidad dentro de las organizaciones.

- Sin embargo, son muchos los directivos que aún creen que la dirección de proyectos es un trabajo técnico, que le corresponde al personal de línea media. Son muchos los líderes de proyecto que no tienen línea directa de comunicación con la alta gerencia. Ya llegará. En varios ambientes ya se ha producido.

- Afortunadamente, también son muchos los directivos que reconocen que la dirección de proyectos y el trabajo de los líderes de proyecto es estratégico y tiene relevante importancia, por eso mantienen una relación directa con ellos.

- Cada vez más, se están llevando a cabo en las organizaciones esfuerzos de capacitación y formación para preparar mejor a los líderes de proyecto.

- Cada día los directivos están más conscientes de que esta disciplina, más bien esta profesión, contribuye decididamente al incremento de los resultados en las organizaciones.

Capacidad para dirigir

- La aceptación, la *internalización* y la consecuente ejecución de la disciplina de dirección de proyectos asegura el planeamiento adecuado y la certera ejecución de las acciones.

- Esta disciplina provee libertad. La libertad que tienen aquellos que confían en esas prácticas comprobadas desde hace mucho tiempo e incorporadas con mayor velocidad por las organizaciones modernas. La libertad de saber qué hacer en cada momento.

- Las habilidades que el Gerente de Proyecto debe disponer son las de conducción general, más las características distintivas de un proyecto; incluyen la coordinación de las acciones efectivas dentro de los marcos de tiempo y de limitaciones establecidos.

- Las prácticas y la profesión de dirección de proyectos tienen un lugar cada vez más destacado en el mundo competitivo actual, pues las empresas y la sociedad requieren dirigentes y líderes que cumplan sus promesas y generen resultados.

Proyectos más previsibles

- Todo ocurre en una economía global cada vez más competitiva. Es permanente la búsqueda de competencias más efectivas en un ambiente cada vez más volátil.

- La disciplina de dirección de proyectos brinda una guía de qué documentos se deben confeccionar (planes, informes, cronogramas, métricas, etc.) y de las acciones que deberían hacerse para confeccionar de manera adecuada dichos documentos donde se prometen resultados y se comprometen recursos.

• Las prácticas que establece la disciplina están comprobados y se han utilizado en innumerable proyectos, de distinto tipo, y en diferentes industrias.

• La ejecución de las acciones que forman la disciplina posibilitan y orientan a la obtención de resultados y el cumplimiento de los objetivos de los proyectos.

• El conocimiento y el saber qué acciones ejecutar hacen más previsibles los proyectos.

Dirección de proyectos
(*project management*)

• No tiene nada de moderno ni de revolucionario; se trata de una disciplina bien antigua. Dirigir proyectos es real y está presente, o debiera estarlo, en muchos de los emprendimientos o proyectos de nuestra vida.

• Es una disciplina, es un método, es un conjunto de prácticas, es un comportamiento, es tomar el timón, es conducir certeramente hacia las metas.

• La practican personas de cualquier país del mundo, en todas las latitudes, y ha sucedido en todos los tiempos. No existen civilizaciones que no hayan ejecutado proyectos.

• Organizaciones modernas están encontrando que la dirección de proyectos brinda muchas ventajas, satisface las demandas de los clientes, asegura la realización rentable de mejores productos y más rápidos servicios.

Mensaje final

Las razones del éxito en los proyectos no son sobrenaturales, ni místicas.

***Utilice una metodología en sus comportamientos
y verá los resultados:***
no habrá salida, sus proyectos serán más previsibles.

REVISAR LO RESALTADO

BIBLIOGRAFÍA

Alles, Martha: *Diccionario de comportamientos. La Trilogía, Tomo II*, Ediciones Granica, Buenos Aires, 2009.

Blomquist, Tomas; Müller, Ralf: *Middle Managers in Program & Project Portfolio Management*, Project Management Institute, Inc., PA, 2006.

Braidot, Néstor: *Neuromanagement*, Ediciones Granica, Buenos Aires, 2011.

Cortella, Mario Sergio: *Qual é a tua obra?*, Editora Vozes, São Paulo, 2009.

Covey, Stephen R.: *Los 7 hábitos de la gente altamente efectiva*, Editorial Paidós, Buenos Aires, 2002.

Drucker, Peter: *La gerencia en tiempos difíciles*, El Ateneo, Buenos Aires, 1985.

——: *Managing the nonprofit organization, Harper Collind*, New York, 1990.

——: *La gerencia*, El Ateneo, Buenos Aires, 1992.

De Bono, Edward: *Seis sombreros para pensar*, Ediciones Granica, Buenos Aires, 2006.

——: *Seis calzados para la acción*, Ediciones Granica, Buenos Aires, 2008.

Dobson, Michael S.: *Managing Multiple Projects*, Project Management Institute, Inc., PA, 1999.

Echeverría, Rafael: *Ontología del lenguaje*, Dolmen Ediciones/Ediciones Granica, Buenos Aires, 2001.

Fleming, Quentin W.: *Project Procurement Management*, FMC Press, California, 2003.

Davidson Frame, J.: *La nueva dirección de proyectos*, Ediciones Granica, Buenos Aires, 2000.

Goldratt, Eliyahu M.: *Cadena crítica*, Ediciones Díaz de Santos, Madrid, 2001.

——: *La meta*, Ediciones Díaz de Santos, Tercera edición, Madrid, 2005.

Goleman, Daniel: *La inteligencia emocional*, Javier Vergara Editor, Buenos Aires, 2000.

Ireland, Lewis R.: *Quality Management*, Project Management Institute, Inc., PA, 1991.

Kendall, Gerald; Rollins, Steven: *Advance Project Portfolio Management and the PMO.* J. Ross Publishing and International Institute for Learning, USA, 2003.

Knapp, Brent W.: *A Project Manager's Guide to Contracting and Procurement*, Project Management Excellence Center, Inc., Arizona, 2006.

Levine, Harvey: *Project Portfolio Management*, Jossey-Bass a Wiley Imprint, San Francisco, 2005.

Lifar, David: *Las enseñanzas de Indra Devi*, Editorial Sudamericana, Barcelona, 2005.

Meyer, Paul J.; Slechta, Randy: *Los 5 pilares del liderazgo*, Editorial Peniel, Buenos Aires, 2003.

Mintzberg, Henry: *Diseño de organizaciones eficientes*, El Ateneo, Buenos Aires, 1992.

Morris, Peter; Jamieson, Ashley: *Translating Corporate Strategy into Project Strategy*, Project Management Institute, Inc., PA, 2004.

Peters, Tom: *Thriving on chaos: handbook for a management revolution*, Knopf, New York, 1987.

Project Management Institute: *A Guide to the Project Management Body of Knowledge (PMBOK® Guide)* – Fifth Edition, Newtown Square, PA, 2013.

——: *The Standard for Portfolio Management* – Third Edition, Newtown Square, PA, 2013.

——: *The Standard for Program Management* – Third Edition, Newtown Square, PA, 2013.

——: *Organizational Project Management Maturity Model (OPM3®)* – Third Edition, Newtown Square, PA, 2013.

——: *Practice Standard for Work Breakdown Structures (WBS)* – Second Edition, Newtown Square, PA, 2011.

——: *Practice Standard for Earned Value Management* – Second Edition, Newtown Square, PA, 2011.

——: *Practice Standard for Scheduling* – Second Edition, Newtown Square, PA, 2011.

——: *Practice Standard for Project Estimating*, Newtown Square, PA, 2011.

——: *Practice Standard for Project Risk Management*, Newtown Square, PA, 2009.

——: *A Guide to the Project Management Body of Knowledge (PMBOK® Guide)* – Fourth Edition, Newtown Square, PA, 2009.

——: *The Standard for Program Management* – Second Edition, Newtown Square, PA, 2008.

——: *The Standard for Portfolio Management* – Second Edition, Newtown Square, PA, 2008.

——: *Project Manager Competency Development (PMCD Framework)* – Second Edition, Newtown Square, PA, 2007.

——: *Practice Standard for Project Configuration Management*, Newtown Square, PA, 2007.

Sabater, Fernando: *Ética para Amador*, Editorial Ariel, Barcelona, 1991.

Stengel, Richard: *El legado de Mandela*, Grupo Editorial Planeta, Buenos Aires, 2011.

Toffler, Alvin: *El cambio del poder*, Plaza & Janés Editores, Buenos Aires, 1990.

——: *La tercera ola*, Plaza & Janés Editores, Buenos Aires, 1995.

Verma, Vijay K.: *Managing the Project Team*, Project Management Institute, Inc., PA, 1995.

Watzlawick, Paul; Helmick Beavin, Janet; Jackson, Don D.: *Teoría de la comunicación humana: interacciones, patologías y paradojas*, Herder, Barcelona, 1997.

Wideman, R. Max: *Risk Management.* Project Management Institute, Inc., PA, 1992.

Womack, James P.; Jones, Daniel; Roos, Daniel: *La máquina que cambió el mundo*, McGraw-Hill, Madrid, 1992.